竹中直人

なんだか今日もダメみたい

筑摩書房

なんだか今日もダメみたい

竹中直人

目次

I

ファッション雑誌『脂とってます』（厳冬舎）インタビューより　10

II

III

装画：奈良美智
挿絵：竹中直人
装幀：坂本志保
編集：中島佳乃

I

ファッション雑誌『**脂とってます**』（厳冬舎）**インタビューより**

２０１７年4月23日

インタビュアー／茂茂夫（しげる・しげお）

――あの……お酒を飲めるようになったのが遅いそうですね……47歳とか？　ご自身が出された映画の企画が2本つぶれてしまったのがきっかけと聞きました。90年代はそれなりにご自身が出す企画が通っていたのに、ことごとく企画がつぶれて、もう日本映画界に自分は必要のない存在なんだと思われたとか？　世代交代みたいなものを感じたのがお酒を飲めるようになったきっかけなんでしょうね？　ある意味、やけ酒的な？　そんな竹内さんを励ましてくださったのが……。

竹中　たけなかです。

――あっ、失礼しました。そんな竹中さんを励ましてくれたのがスカパラの谷中敦さんや大貫妙子さんだったと聞いております。谷中さん、大貫さんがお酒を教えてくれたとか……。代官山にある中華屋さんでしたか？　大貫妙子さんも竹内さんのお酒に付き合ってくださったそうですね。

竹中　たけなかです。

――どっちだっていいじゃねぇか。

竹中　え?!　今なんて言った?!

――いえいえ、まずは紹興酒だったそうですね？　谷中さんもその当時はかなりの酒豪だったようで、しょっちゅう愚痴を聞いてもらってたんだろ？

竹中　え？

――いえいえ、大貫さんにも三宿にあった「春秋」というお店で愚痴を聞いてもらってたのか？落ち込むとしょっちゅう大貫さんに電話してたらしーじゃねぇか?!　情けねぇーな。

竹中　おいっ?!　なんだその口のきき方は?!

――いえいえ、紹興酒の温かいのが口当たりがよく、酔うってこんなに楽しかったのか?!と気づいたそうですね？　大貫妙子さん、谷中敦さんには感謝してもし足りませんね。本日はありがとうございました。

竹中　あの……ほとんどぼく、しゃべってないですが……。

――かまへんかまへん。あての言ったことに間違いありましたか？　あらへんやろ？　だったらかまへん！

竹中　貴様ぁ～！　ふざけんじゃねぇぞ！　このやろー?!

――あっ、怒った怒った。なぁなぁ、怒りながら笑うの見せてぇーな！

竹中　笑いながら怒るだ！　ばかやろー！

豊臣くん

事務所の車に乗って渋谷NHKに向かっていた。信号で停まるとすぐ隣に車が停車した。車の窓が開く。

「あっ」

ぼくはびっくりして窓を開けた。隣の窓から顔を出した本木雅弘がにこにこしながら「横チン」とぼくに言った。いやはや……。

撮影は夜だった。ふんどし一丁の秀吉が河原の廃船で眠っている。そこに大仁田厚演じる蜂須賀小六が「なんじゃお前は！」とぼくの首根っこを摑んで持ち上げた。秀吉は苦しくて足をバタバタさせた。

「カット、オッケー」

監督の声。

「チェックしまーす」

助監督の声。撮影した映像がちゃんと映っているかモニターで確認するのだ。すると助監督が「あ……」と言った。何かあったのかとぼくはモニター前に駆け寄った。

「あっ！」

浅野忠信似の記録の女性が言う。

「映ってますね」

監督も言った。

「映ってるねぇ」

プロデューサーの西村さんも「本当だ、映ってるなぁ」。スタッフの誰もが「映ってる」を繰り返した。

このシーンを撮影する前に衣装の竹林正人さんがぼくのふんどしを締め直しに来た。ぼくは言った。

「竹林さん、秀吉は寝てるんだし、ふんどしはもっとゆるんでいますよ」

「うん。そうだね」

「ゆるめますね」

そしてぼくはしっかり締まったふんどしをゆるめたのだ。

「分からないだろ。ナイトシーンだし」

誰かが言った。

「分からないね、暗いから」

「分からない。分からない。それにロングショットだし、誰もそんなところ見てやしないよ」

「そうですね！」

「ではみなさん、本日はお疲れさまでした」

その日の撮影は無事に終わった。そしてそのシーンが日曜日の夜8時に放送された……。今みたいにSNSがあったのなら……大河ドラマ『秀吉』（1996年）は即刻放送中止になってしまったのではないだろうか……。今もふと浮かぶのは隣に停車した車から顔を出した本木の顔だ。ニコニコしながら「横チン」。


「デタラメな大河にしましょうね！」

それが最初の打ち合わせでぼくが言った言葉だ。神楽坂での打ち合わせだった。神楽坂、初めて行く街。まだ38歳だった私。神楽坂なんて全く馴染みもない……。スペシャルな街に初めて行く緊張に包まれていた。それもお座敷のある部屋……。プロデューサーの西村与志木さん、脚本家の竹山洋さん、そして監督の佐藤幹夫さん、みんなで集まった。西村さんは力強く言った。

「NHKみんなの反対を押し切って、竹中さんをキャスティングしました」

「うわぁ～、ありがとうございます。だったら今までの大河ドラマとは全く違う、所作とかそんなものを全部取っ払った、デタラメでめちゃくちゃでものすごく汚い大河ドラマにしましょうね！」

その願いが叶い、第1話からふんどし一丁の大河ドラマ『秀吉』が始まった。
秀吉の番組宣伝は普通ではなかった。後にも先にもこんな大河ドラマ宣伝はないと思う。
……ぼく演じる秀吉がぼろぼろの衣装を着て、ギターを抱え代々木公園を練り歩く。時には木の枝にまたがりギターをかき鳴らす。「こんにちはー、豊臣くんでーす。天下ぁ~獲ってまぁ~す」と言いながら……。それを道ゆく人、ふせえり、住田隆が「あら、やだ。豊臣くんよ！」「本当だ！　豊臣くんだ！」「獲ってるのよっ。天下獲ってるのよっ」と言い合うのだ。
本当にこれが『秀吉』の番組宣伝となったのだ。なかにはこんな番宣も撮影された。ふせえりがレポーターの役、そして住田がディレクター役だ。
ふせ「みなさん、ただ今、大河ドラマ『秀吉』の撮影現場に来ております。今、私が立っているのはメイク室の前です。今、まさに秀吉を演じる竹中さんがメイクをしているとのことで、さっそく竹中さんにインタビューしてみたいと思います」
住田がメイク室前のアコーディオン扉を開けると、化粧鏡前でメイクをしているぼくが映る。
ふせ「竹中さぁーん。こんにちはぁ~」
竹中　振り向かず。「………」
ふせ　カメラに向き、「あっ、どうしましょう?」。そして少し声を抑えて「竹中さぁ~ん、おはようございます」
竹中「……」
ふせ　焦りつつ「あらあらどうしましょう……竹中さぁ~ん。秀吉さぁ~ん！」とテンション上げめで再び呼びかけると……。

「うるせぇーな！　さっきから！　こっちはメイクしてんだよ!!　うるせぇーんだよ!!」

「あらやだ！　感じ悪いわよ！　感じ悪いわよ！　全然テレビで見るのと印象が違うわよ！」

「なんだとー！　てめえ！　こっちは役に集中してんだよ！」

「天狗よ！　天狗になってんのよ！　大河ドラマの主役だからってこの人、天狗になってるのよ！」

「何を?!　てめえ！」

と、まだまだ続く……。もちろん全てその場のアドリブ。現場は大いに盛り上がった。しかし……「竹中さん、これはちょっと本気にしてしまう人もいるかもしれないですね……」ということになり、あえなくボツ……。

予告ナレーションも松田優作の『探偵物語』の向こうを張って「ぼくにやらせてくださぃ！」と、ぼくがやったのだ。大河ドラマを私物化しているではないか！　そして図に乗ったぼくが次に何をやらかしたかというと……渡哲也さん演じる信長が本能寺で討たれ、「信長の死」の報告を受けた秀吉が雨降る土手に崩れ落ちるラストカット。そして予告編。すると、ニコニコ顔のぼくがいきなり現れて……「来週の大河ドラマはオリンピックのため放送しません。頑張れ日本！　心配ご無用！」と締め括った。なんと、「信長の死」の回を台無しにしてしまったのだ。

渡さんと地方ロケに行った時、「竹さん」と渡さんに呼ばれた。「竹さん」、渡さんはぼくをそう呼んだ。

「竹さん、宿までうちの車でどうぞ」

「いや、そんな恐れ多いです」

「何を言ってるの、さぁどうぞ」

「ありがとうございます」

ぼくは初めて、あの石原軍団のキャンピングカーに乗せていただいた。中にはシャンデリアもあり、ウイスキーのボトルにグラス、ちょっとしたバーのようだ。

「竹さん、お疲れさま。竹さんはいつも元気でいいね。何か飲む？」

「いや、とんでもない。ぼく飲めないんです」

「そうか、竹さん、飲まないって言ってたね」

「あっ、はい。父がお酒飲むと人格が変わるので一生お酒は飲まないって決めてるんです」

「そうか」

「はい。あっ、渡さん、コンビニ寄っていいですか？」

すると渡さんは言った。

「竹さん、だめだよ。俳優がコンビニなんか寄っちゃぁ！」

「あっ、はい。あっ、大丈夫です！　寄りません」

「竹さん、俳優たるものコンビニには寄っちゃいかんよ」

渡さんは笑みを浮かべながら言った。そうだよな……。渡さんはスターだものな……。ぼくも渡さんがコンビニで買い物していたら驚くもの……。渡さんがレジ袋とか持ってる姿は全く想像できないしな……。そして車は宿に到着した。

「渡さん、ありがとうございました」

「竹さん、お疲れさま。竹さん、俳優がコンビニは絶対だめだ」

「あ、はい！ 分かりました！」

この時、渡さんは53。ぼくは39歳だった。渡さんとエレベーターに乗った。

「渡さん、お疲れ様でした」

ぼくは渡さんとは違う階だ。

「竹さん、お疲れ」

渡さんを乗せたエレベーターが閉まる。エレベーターの表示が7階から8階へ……。ぼくは左側のエレベーターのボタンを押す。もちろん下に降りるためだ。え？ なぜ？ そりゃあ、コンビニに買い物に行くためだよ。

大河ドラマで囲碁のシーンの撮影中、ぼくは囲碁をただ打つのもつまらないから、鼻と耳に碁石を詰めて鼻から碁石を出して打ったりしてたんだ。そうしたら鼻の奥に碁石が入り込んじゃって……。「すみません！ 碁石が、碁石が鼻の奥に入ってしまって、取れません！」と叫んだこともあった。取ろうとすればするほど、どんどん碁石は鼻の奥に入っていく。スタッフも心配して「救急車呼びますか?!」なんて声も上がった。「いや、大丈夫です！　絶対取ります！　取ってみせます！」と、ぼくはみんなの見守るなか、必死で鼻の碁石を取ることに集中した。

「大丈夫です！　本当にすみません！　大丈夫です！」

スタッフも固唾を呑んで見つめている。普段は賑やかなスタジオがシンと静まりかえっている……。緊張に包まれるなか、ぼくは叫んだ。

「取れましたー！　碁石、取れましたー！」

ぼくは鼻から取れた碁石をみんなの前に大きく振りかざした！　するとスタジオから大きな拍手が巻き起こったのだ。誰もが口々に「よかった」「よかった」と言った。笑っちゃうだろ？

ふざけた話さ。でも本当のお話だよ。プロデューサーの西村さんは言った。

「大河ドラマ始まって以来の相当マニアックな大河になると思います。竹中さん、一年間、共に駆け抜けましょう」

なんの理屈もない。その言葉に向かって、その言葉を信じて、ただただテンションのみで一気に駆け抜けた一年だった。

石川五右衛門を演じた赤井英和が何度もＮＧを出したセリフがある。

「おね殿もおね殿ならば信長殿も信長殿じゃ」

言えるかな……。

そんな言葉を書いた脚本家の竹山洋さんも、もうこの世にはいない。

口笛とウクレレ①

今から24年前のある日のこと、サザンオールスターズの関口和之さんから連絡があった。

「竹中さん、『無能の人』（1991年）のサウンドトラックで竹中さんが吹いてる口笛がとてもよかったので、竹中さんの吹く口笛とぼくのウクレレでアルバムを作りませんか？」

「うわっ、それは面白いですね！　ぜひ作りましょう！」

そしてぼくたちは『口笛とウクレレ』のレコーディングを開始した。2人で「ビタースウィート・サンバ」「雨にぬれても」「慕情」「LOVE」などなど、魅力的な曲をいっぱい集めた！　さぞや楽しいレコーディングになるだろうと思いきや……！　これが大変だったのだ……。

口笛って楽しい時に気ままに吹くものでしょ？　でもレコーディングともなると、絶対に音は外せない。映画『無能の人』のレコーディングは、ゴンチチに描いてもらった曲に「あっ、この曲に口笛が入ったらいいね！」って気楽な気分で吹いたんだ。

でも、関口くんと作り始めた『口笛とウクレレ』はみんなが知ってる曲。ノリ一発では吹けなかった。それも全6曲、フルで吹かなければならない。ぼくは常に「人生はノリ一発」で生きてきた。しかしそんな甘い考えは通用しなかったのだ。

「竹中さん、その音違います。もう一度原曲の音聴いて」

「あっ、はい」

「ん〜近いけどまだ違います。もう一度聴いてみて」

「あっ、はい」

「竹中さん、ちょっとマイクに近づきすぎです。それだとマイクを吹いちゃうから」

「あっ、はい」

その繰り返しだった。

「関口さん、ごめんなさい。ほっぺたが痛くなっちゃった」

「では休憩しましょう」

口笛をフルで吹くことがこんなに大変だったなんて、ぼくはびっくりだった。でも『口笛とウクレレ』は完成した。そして……渋谷ＨＭＶにてアルバム完成イベントが行われた。リハーサル室で関口くん率いるウクレレバンドと本日演奏する全5曲のリハーサルをやった。

「よし、では参りますか」

みんなでＨＭＶのイベント会場に向かった。会場に入ると、小さなスペースはしっかりお客様で埋まっていた。うわっ満席だ……。ぼくはプレッシャーを感じた。しかし関口さんは、

「今日はみなさんお忙しいなか『口笛とウクレレ』の完成イベントにいらしてくださり、ありがとうございます」

流暢なやさしい音色で観客を迎えた。そして、満席のお客様は期待の表情でぼくたちを見ている。そりゃそうだ。口笛とウクレレなんて地味ながらも魅力的なコラボだものね。でもぼくの緊張はピークに達していた。……もう言わずもがなだよね。でも言うね。

まず1曲目。「ビタースウィート・サンバ」の前奏が始まった。リズムを身体でとる私。そしてここから口笛!!

……出ない！　口笛が出ない！　いくら唇を尖らせても口笛が出ない。でも演奏は始まってしまった。止めるわけにはいかない。ぼくは必死に口笛を吹こうとした。落ち着いて……落ち着いて……と何度も心に言い聞かせた。でもそう思えば思うほど口笛は出ない。そして最後まで口笛は吹けなかったのだ。

ぼくは泣きそうだった。しかし、人前で泣くわけにはいかない。

「ごめんなさい。すみません。すっかりあがってしまって……あがってまぁ〜す」

お客様は温かく笑ってくれた。

「竹中さん、大丈夫?」

関口くんが優しく声をかけてくれる。

「はい。大丈夫です。次は必ず」

会場から拍手が起こった。そして2曲目「雨にぬれても」。

……ところが……！　2曲目も口笛は最後まで出なかった。ただただ冷や汗だけが出た……。

ふと気づくとぼくは京都に向かう新幹線に乗っていた。時代劇の撮影で京都に向かうためだ。トンネルに入ると、窓に情けない顔が映った。悲しくて涙がこぼれた。関口さん、ごめんなさい……。関口さんはイヤな顔ひとつせずＨＭＶを出るぼくを見送ってくれた。どんどん涙がこぼれた。鼻水もたくさんたくさん流れた。ぼくは全5曲、全て口笛を吹くことができなかったのだ。

口笛とウクレレ②につづく

ファイト

ぼくはファイトって言葉が嫌いだった。そうそう頑張れないし、弱気だし。でもみんなが言った。「ファイト」って。ぼくの通った中学高校には「球技大会」というのがあった。女の子たちが言うんだ。なんとも甘い声で「ファイト」って……。それがものすごくプレッシャーだった。でも「頑張って〜！　ファイト〜！」しかないよな。「ど根性〜！」「負けたらあかんでー！」じゃ、ちょっとあれだしな……。みんなはその言葉に勇気づけられるんだものね。やはり「ファイト〜」は欠かせないか……。でもぼくはそうそう頑張れないって思ってしまう。中高生の時は、そう思ってしまう自分は屈折してる、ひねくれてる、みんなとは違う人になってしまうって恐怖もあった。でも今なら思う。平気平気、みんなにどう思われようが平気平気。

大好きな大貫妙子さんとお話しをしていた時、ぼくは大貫さんに言った。「大貫さん、ぼくは、ほんと、偏っているんですよ」って。「偏ってる」って言葉が最低だと思ってたからね。そうしたら大貫さんなんて答えたと思う？「偏ってるからいいんじゃない」だって。

ぼくはその時、自分を信じて生きよう！　そう思ったんだ。

口笛とウクレレ②

京都へ向かう新幹線の中、とてつもなく落ち込んでしまった竹中くんは、京都に到着しても口笛が吹けなかった自分を責め続けた。撮影には影響しないよう、ひたすら落ち込んだ。とことん落ち込んだら這い上がるしかない。でも心の傷は深く残ってしまった。せっかく楽しみに来てくださったお客様の期待を完っ壁に裏切ってしまったのだから……。竹中くんはその時、ふと遠い昔を思い出していた。

まだ竹中が高校3年生の頃だ。フォークソングが全盛だった頃。竹中は友達の佐賀光宏とフォークデュオを組んでいた……。佐賀がリードギター、ぼくはサイドギターにヴォーカル、ほぼ古井戸の完全コピーバンドだった。

そしてある日、ぼくらが描いた曲が「YAMAHAポピュラーソングコンテスト」神奈川地区大会のテープ審査に通り、コンテストに出場することが決定したのだ。ぼくと佐賀はめちゃくちゃ喜んだ。曲のタイトルは「雨がこわい」。ぼくたちはこの曲をロック風にアレンジしようと決めた。当時、ギンギンのロックをやっていた板倉良純に声をかけ、バンドが集結。練習に練習を重ね、「雨がこわい」を完璧なロックに仕上げた。そして神奈川地区大会へぼくたちは向かった。

出番待ちの間、まだ17歳だったぼくは心臓が飛び出しそうな思いだった。心臓がどっどっどっと鳴ってる……。

「では次のバンドをご紹介しましょう！　神奈川県横浜市金沢区から来てくれたバンドです。どうぞ！」

ぼくたちはステージに立った。うわっ……。お客さんがいっぱいだ。司会者が言った。

「それでは「雨がこわい」、歌っていただきましょう！」

ドラムの松本先輩がカウントをとり、板倉のエレキが前奏をきざんだ。

あっ……だめだ……!!　ぼくの心が奈落の底に堕ちてゆく……。なんだっけ？　歌詞なんだっけ?!　演奏が始まったのに歌詞が出てこない。全く歌詞が出てこない……！　焦れば焦るほど、あれだけ練習したのに歌詞が出てこない……。だめだ……もう終わった。全てが崩れ去った。

結局ぼくは最後まで歌えなかった。ただのインストバンドになってしまった。ぼくはもう焦点が定まらない。ぼくの身体は地にも着かない。死んだほうがましだ……。ただただ絶望に包まれた。その後は……言わずもがなだよね……。泣いた。バンドのみんなに何度も何度もごめんね、ごめんねを言いながら……。

「たけちゅう、しょうがないよ。しょうがない」

みんながそう言ってくれた。とめどなく涙がこぼれた。

『口笛とウクレレ』から8年経ったある日のこと、関口くんから連絡があった。

「竹中さん、『口笛とウクレレ2』を出そうと思います。ぜひまた竹中さんに参加していただきたいです」

「うわぁ〜うれしいです！　よろしくお願いします！」とは言ったものの、大きな不安がよぎった。ところが……ぼくの心配をよそに『口笛とウクレレ2』は無事レコーディングを終えたのだ。

「竹中さん、今度発売を記念して池袋のサンシャイン劇場でイベントやるのですが……竹中さん、トラウマ抱えてるよね……」

「あ……はい」

「どうする？　やる？」

「ん〜どうしましょう……」

やめろ直人。絶対やめろ。ぼくの中の直人が叫ぶ。やめろ！　やめるのも勇気だ！

ふと気づくと、ぼくは池袋サンシャイン劇場の楽屋にいた。楽屋のドアが開いた。

「大丈夫？　竹中さん？」

関口さんが柔らかな笑顔でぼくに聞く。

「あ……やっぱりダメかもしれません……」

するとと関口くんが言った。

「飲んでやったら？」

「え？」

ぼくは真っ赤な顔でステージに立っていた。出る出る口笛が！　高音から低音まで出る出る口笛が！　全5曲、全てを吹き終えたのだ！

「竹中さん、やったね！」

関口さんとぼくはしみじみと抱き合った。


それから時が流れたある日、ぼくの娘が通った幼稚園の保護者から連絡があった。

「竹中さんの『口笛とウクレレ』というアルバムが大好きです。それでね、竹中さんにお願いがあるんですが、今度園児たちの音楽の発表会があって……園児たちが歌ったあとの間奏で竹中さんに口笛を吹いてもらいたいんです。お願いできますか……？」

ぼくは迷った。

「ぜひ、竹中さんに口笛をお願いしたいんです。園児たちの思い出にもなりますし……」

「いや、私ごときがそんな……」

なのに……それなのに「はい。やります」と言ってしまったのだ。

「では竹中さん、園児たちが歌う曲の資料を送りますね」

「あっ、はい。お願いします」

「引き受けてくださり本当にありがとうございます」

「いやいや、私ごときに、こちらこそです」

「あっ、竹中さんがもしよければ、2曲吹いていただけたら……なんて思っているので一応、もう1曲の資料と合わせて2曲送りますね」

「そんな、そんな、1曲で、本当に1曲でお願いします」

とぼくは言った。

数日後資料が届いた。やはり2曲入っていた。でも、どちらも知っている曲だ。キイも大丈夫。間奏部分だけだし、なんとかなるかな……とその時は思った。もう言わずもがなだね……、でも書くか……。園児合唱会当日……。

「今回、竹中直人さんが素敵な口笛で園児たちを盛り上げてくださいます！」

保護者の拍手のなか、ぼくはぺこぺこしながら登場した。そして園児たちの合唱が始まった。とっても元気で伸びやかな合唱だ。みんな口を大きく開けて歌っている。小さな生命がキラキラ光ってる。

場違いだった……やはり場違いだ。竹中、なんでお前がこんなところに立ってるんだ……。ぼくの心は奈落へと堕ち始めた……。そして間奏……書きたくない。もうこれ以上……。ぼくは唇を尖らせて、ただマイクの前に立っていただけだ。

なんだったんだ、あの男……いったい何しに来たんだ……いなくたってよかったじゃない

か！　逆に園児たちの邪魔になってんじゃないか！　口には出さないまでもみんなそう思って
いたに違いない。ぼくは静かに謝り、袖へと消えた。

ぼくを呼んでくださった保護者がぼくに近づいてきた。ぼくは必死に謝った。

「すみません。本当にごめんなさい」

「大丈夫ですよ、竹中さん。次の曲も竹中さん知ってる曲でしょう？　ぜひ吹いてほしいです。

リベンジです！　リベンジ！」

彼女の両手に背中を押され、ぼくは舞台に再度登場してしまった。

「みなさん、竹中さんがリベンジします」

園児たちの合唱が始まった。そして……間奏。

飲んでやればよかった。飲んでやればよかったんだ！　ばかもの!!　ここは幼稚園だぞ！

顔を真っ赤にして口笛なんか吹いてみろ?!　ただのひんしゅくもんじゃないか！

ごめんなさい。本当にごめんなさい。ぼくは幼稚園を後にした。

下北沢に出てひとりお酒を飲んだ。小さな音で口笛を吹いてみる。出る出る。小さくても伸
びやかな口笛が……。ぼくは大きなため息をついた。

日本人なのに……

ぼくは、どんな仕事もスケジュールさえ合えば決して断らずに今までずっとやってきた。「仕事を選ぶ」ということがとても偉そうで、あまりにも照れ臭すぎるからだ。

でも……。唯一、お断りした仕事があった。それは、テレビドラマ『のだめカンタービレ』（2006年）のミルヒー役だった。

当時、のだめのプロデューサー、そして監督から「ぜひ、竹中さんにミルヒーを演じていただきたい」とお話をいただいた。

ぼくは驚いて「え⁇⁈　ミルヒーはドイツ人ですよね」と言った。

「ええ、でも僕たちは竹中さんならできると思っています」

「そんな……、だってぼくは日本人ですよ」

「ええ、それは分かっています」

「いやぁ……無理です。それは……。だってドイツ人です。ぼくは日本人です……」

「はい。でも竹中さんならできるんじゃないかと」

「いやぁ、無理です。それはどうしようもなく無理です。本当に申し訳ございません。できません」

そしてぼくは打ち合わせ場所を去ろうとした。ふとふり返ると、プロデューサーと監督がどこか寂しそうにうなだれている姿が目に入った。ぼくは思わず言った。

「カツラなどをつけて、あとは特殊メイクで鼻を高くしたらできるかもしれませんね……。あっ、いや！　それじゃあコントになってしまいますものね。やっぱり無理です！　ごめんなさい！」

すると……。

「竹中さん、それでいきましょう!!」という答えが返ってきたのだ。

「えーー?!?!」

なんと、ミルヒーを演らざるを得ない状況になってしまったのだ。


まさか、そのミルヒーを、その後再び舞台で演じることになろうとは……！　断る勇気がぼくにあったのか、なかったのか……。ぼくは「演ります」と言ってしまったのだ……。上野樹里さんは『のだめ』が初舞台になると聞いた。そんな樹里さんの姿を静かに見つめながら演じるしかない……とぼくは思った。

これは一大決心だ。いくつになっても、やる時はやる人間でいたい……と、思ったのかもしれないし、そうじゃないかもしれない。

「そっと背中を押された」って言葉きらいなんだよね。
なんだか気が利いてるねみたいな感じだしさ。
崖っぷちに立ってたらどうすんだよ！って思ってしまうんだ。

ユキヒロさん

電車のドアにもたれ
ひとり頭かかえて
うずくまってちぢまっていたい
もう誰の顔も見たくないな
メルシィ・僕　このまま
メルシィ・僕　帰れない
メルシィ・僕　わがままな
ぼく　僕

高橋幸宏さんに初めて曲を描いてもらった時に描いた詞だ。幸宏さんはこの詞をとても気に入ってくれた。

幸宏さんとこんな話をしたことがある。

「幸宏さん、ぼくが高校の時にすごくイヤな言葉を使うやつがいたんですよ、横田っていう」

「へぇ、なんて??」

「「みんな言ってるよ……」って言葉です」

「それ、可笑しいね」

「結構傷つきますよね？　え？　みんなって？　え？　何を言ってるの？って」

幸宏さんはすっとぼくに近づいてその言葉を言った。

「「みんな言ってるよ……」。こんな感じかな？」

「はい！」

「いやあ、やだね……」

「はい、イヤですよね」

「竹中くん、言ってみて」

「みんな言ってるよ……」

「うわぁ、イヤだなぁー、今度使おう。「みんな言ってるよ……」」

「幸宏さん、いい感じです」

「いやぁ、可笑しいね」

「イヤな感じですよね」

「竹中くん、みんな言ってるよ。竹中くんのこと、みんな言ってる……」

「うわぁ。それはかなりなんだか落ち込んじゃいますね」

幸宏さんはうれしそうに笑った。

「ふふふ」

幸宏さんは優しい。ぼくが『恋のバカンス』という、誰も知らないであろう深夜番組をやっていた時……。幸宏さんが「竹中くん、あの番組面白いね。出たいな……」と言ってくれた。まさかあの高橋幸宏がそれに出たいだなんて……。

それで直感的に思いついたのが「流しの二人」ってやつだった。幸宏さんがドラムとシンバルを肩から下げて「ジャッキー・テル彦」、ぼくはギターを下げて「チャーリー・ボブ彦」。吉祥寺の井の頭公園を練り歩く。

「ぼくたち、２人揃って流してまぁーす」

ボン・鹿内

遠い昔の話ばかりしている。年を重ねてなお今が一番輝いてるって次元には、ぼくはいけないだろうな。後ろを振り返らず生きてきたなんてこともないし、あぁ……あの時は楽しかったなぁ……ってよく思い出してしまう。

デタラメな深夜番組『恋のバカンス』は、予算が全くないのでいつも外で撮影していた。でも予算の少ない現場は、ぼくは好きだよ。ないならないなりに工夫するのが楽しいからね！基本的にぼくは晴れ男で『恋のバカンス』の撮影は日々天候に恵まれ、雨で中止がなかったと思う。だいたいの撮影が芝公園、井の頭公園だった。最初の頃はテスト1回、そして本番だった。

ある日、撮影カメラマンが突然、怒ってしまった。

「毎回、毎回、テストと違うからさ‼　こっちはどう撮っていいか分からないんだよ！　テストする意味ないでしょ！」

ぼくはすぐにお詫びした。

そうなんだよ……。カメラが回ると毎回台本通りにはならないのだ。本番のカメラが回ったらもう話は全く違う方向に行ってしまうんだ。全部アドリブになってしまう。カメラマンが怒るのは当たり前だ。

しかし、カメラマンの言葉「テストやっても意味がない」、それだっ！って思った。コントをやっている意識もないし、オチのあるものはやりたくない。だからと言ってシュールなことを目指していたわけでもない。今までのテレビがやってこなかったことをやってやろう！なんてそんな大それた意識もなかった。ただただデタラメ、何が面白いの？と思われても構わない。でもそれを「テーマ」なるものにもしたくない。こうやって言葉にするともどかしい……。万人に理解されようとは思わないのさ。そんな感じのデタラメ。でもよくそんなデタラメにカメラマンも録音部も照明部も付き合ってきてくれたと思う。

最終的にカメラマンは「本番が回るとどうなるか分からないものを撮るのが本当に楽しかった」って言ってくれた。むむぅ。ひとりよがりの番組だったかもしれないけれど、極々一部の人たちは面白いと言ってくれたんだ。無視はされなかっただけでもありがたい。分かる人には分かってもらえるなんて思いながらやってきたわけじゃないけれど……。ただただデタラメなテンションだけは最後までキープできたな。

——だから……だから何？

え？　いや、別に……。

『恋バカ』の撮影中こんなことがあった。

ぼくの名前が、なんだったたっけな……ボン・鹿内《しかうち》だったかな……ペタッとした真ん中分けのカツラにグラデーションのサングラス、胸元をはだけ派手な服を着たボン・鹿内が井の頭公園にあるステージに現れるんだ。設定だけ決めてあとは全てアドリブが『恋バカ』の特徴。もちろんいきなり本番！　井の頭公園ステージにボン・鹿内が現れる。そして……。

「みなさん、こんにちはぁ。吉祥寺でダンススクール「ボン」を営んでおります、ボン・鹿内なんでぇございます」

って、にこにこ顔で小躍りしながらカメラに向かって言うんだ。

するとカメラマン役のぬくちゃん（温水洋一）にボンがいきなり表情を変えて、

「おい!!!　カメラ！　アングルが違うだろ!!　さっき説明したじゃねーか！　ロウアングルに入らなきゃだめなんだよ！　そのほうがオレがかっこよく見えるんだよ!!　ったく！　もう一回やるぞ！」

そう言ってステージの袖に引っ込む。そしてまた現れる。

「ぼんぼんぼんぼぉ〜ん♪　ぼんぼんぼんぼぉ〜ん♪　ず、みなさんこんにちはぁ〜、吉祥寺駅前、喫茶ベラフォンテ2階のふくよかなスペーススタジオにて、ず、ダンス教室ボンを営んでおりますボン・鹿内、42歳なんでぇございます」

満面の笑顔を浮かべて小躍りする。するとまた！

「おい!!　てめえ！　カメラ!!　カメラのお前だよ!!　何度言ったら分かるんだよ！　ロウア

ングルに入れよ！　それじゃあまだ高いだろ！　おい‼　おい‼　おい‼」

と怒鳴りながら、ふと前にある客席を見ると……！

なんと、あの高田渡さんがベンチに座って撮影を見学しているではないか！　ぼくはもうびっくり！　でも撮影を止めるわけにはいかず、イヤなイヤなダンス教室の先生ボン・鹿内を演じ続け無事終了。そして休憩となった。

ぼくは高田渡さんにご挨拶するためベンチに座る高田さんに近づいていった。

「高田さん、竹中です。まさか、高田さんがいらっしゃるなんてびっくりしちゃいました。井の頭公園に高田さんがよくいらっしゃるということは聞いていたんですが……」

すると高田さんが言った。

「竹中、怒っちゃだめだ」

「えっ……」

「偉くなっちゃだめだ」

「あっ、違うんです。あれは役で……」

「いや、だめだ。人をあんなふうに怒っちゃだめだ」

「いや、高田さん、違うんです。これ深夜番組の撮影でイヤなオヤジの役で……」

「番組だろうが役だろうがあんなふうに人を怒っちゃだめだ」

「いや、高田さん」

「いや、竹中、天狗になっちゃだめだ」

「いや、高田さん、違……あ、はい。……すみませんでした」

ぼくは高田さんに謝った。高田さんは言った。

「ぼくに謝ることはないよ。あのカメラマンのひとに謝ったほうがいいな」

「あ、はい」

ぼくはそう言ってカメラマン役のぬくちゃんに近づいていった。そして小さな声で事情を話し温水に謝った。振り返ると高田渡さんがジッとぼくたちを見つめていた……。井の頭公園の風は暖かく穏やかな快晴の日。

もうそろそろ高橋幸宏さんがやってくる。

ミズ

やっぱりぼくは役作りって言葉はキライだ。
役を作ってしまったら水になれない。
固まってしまう。
水はいかようにも反応する。
そうでありたい。
常に即興だ。どうとでも動ける。
李小龍《ブルース・リー》が言った。
友よ、水になれと。

♫ベロのついた赤い財布

作詞　竹中直人
作曲　玉置浩二

星降る夜　星降る夜　星降る夜夜　星降る夜夜
夜る　るるる　るるる
ハスカップの記憶　辿る　そうだ
片手にはハスカップハスカップの…そうだ！

ハスカップのソーダ割り
ベロの付いた赤い財布を無くしちまった！
大事にしてた財布だったんだ

片手にハスカップ
ハスカップのソーダ割り
ベロの付いた赤い財布を無くしちまった！

大事にしてた財布だったんだ
ベロの付いた赤い財布
ベロだれか拾った
だれか拾った奴がいたら教えてくれ
財布の中に住所を書いた
小さなピンクの紙がある

ベロのついた赤い財布ベロ

夜の闇に溶けて　走り出せ走りだせ
夜のシマウマ夜シマウマよ　走りだせよ

どこに落としたか　どこで落としたか覚えてない
俺は何ひとつ覚えていない
昼だったか夜だったか　どの道だったか
船は動き出した船は動き出した　港を離れてく
もう岸には戻れない戻れない　そうだビリー

「おれには人格がない　おれには全く人格がない
勝手に他人がおれを作った
作り上げた　好き勝手な言葉を吐きつけて
おれを作り上げたんだ
そいつらの目がおれを睨んでる
睨みつけてる寄ってたかって何なんだお前ら
お前らは自分が正しいと思ってんのか？
どこからくるんだ？　その信じがたい言葉
その信じ難い　佇まい　一体どこから生まれてくるんだ
どこからやってきたんだお前たちは
おれには人格がない　全くおれには人格がない
勝手に他人がおれを作った」

無くしちまった財布　おれの大事にしてた財布だった
ベロの付いた赤いベロの財布
細かく言えばかすれた赤だ　色褪せた赤い財布だビリー
何時に落としたなんてそんなの分かんねーよ?!

携帯も叩き壊した!
月明かりを頼りに歩いた　月明かりだけを頼りに歩いた
石ころにつまづいたがな　石ころにつまづいたがな

星降る夜星降る夜夜夜夜　そうだビリー
「ビリーお前だけが頼りだビリー
おれのこめかみを押してくれ　お前の鉄の拳で
強く　もっと強く
ビリー　お前だけが頼りだ　お前のその鉄の拳が
おれを押せ　そんな力じゃダメだビリー
叩き潰してくれお前のその拳で　このおれを
叩き潰してくれビリー　叩き潰せおれを
頼むぜビリー」
星降る夜星降る夜夜夜夜夜

玉

殿

ぼくはたまに音楽をやっている。歌は難しいけれど歌うのは好きだ。アルバムだって9枚も出してるんだぜ。誰も知らないと思うけれど……。でも人前で歌うのは苦手なのだ。

最後に出した9枚目のアルバム『ママとカントリービール』はなんと！ あの玉置浩二がプロデュース。玉置くんが曲を描いて、ぼくがその曲に全て詞を描いたんだ。全8曲。

え？ どうして？ なぜ玉置浩二とアルバムを作るなんてことになったの⁇と思うでしょう？ むむ……この話は長いのだが……。話すか？

——なるべく短く聞かせてくれ。

そうか……。

ぼくと玉置くんとの出会いは大河ドラマ『秀吉』だった。玉置くんが足利義昭役でぼくが秀吉。ぼくたちはこの作品ですっかり仲良しになったのだ。ぼくがまだ39歳。もう28年も前だ……。うわぁ～、恐ろしい……。人生、あっと言う間じゃないか……。

その『秀吉』の宣伝で「足利くんと秀吉くん」なんてコントを2人でやったこともあるんだ

ぜ。その時に玉置くんがぼくに言った。

「竹殿……」（玉置くんはぼくをそう呼ぶ）

「竹殿、今度一緒にライブをやりませぬか？」

「わっ！　いいですね！　玉殿のコンサートに1曲ゲストで呼んでください！」

ぼくは軽い感じでそう答えた（玉置くんが竹殿と呼ぶから、ぼくも「玉殿」と呼んだんだ。秀吉やってたからさ。そのニュアンス分かるでしょ）。

そして『秀吉』の放送が終わった翌年、玉置くんから電話があった。

「竹殿、決めました！　武道館でやります。玉置浩二&竹中直人ジョイントコンサートでいきます」

ぼくは驚いた！

「えー?!?!　そんなぁー!!　無理です！　玉殿のコンサートに1曲ゲストなら分かるけれど、ジョイントコンサートなんて、無理です！　それは絶対無理です！」

ぼくは即座に叫んだ。でも玉置くんは言った。

「竹殿。もう決めてしまいました」と……。

「そんなぁ……」

あの神の歌声の玉置浩二と、なぜぼくがジョイントコンサートをやらなければならないのだ……。なぜそんな……。「もう決めてしまった」なんて……！　誰か……誰か助けてくれ……。

その時ふと思い浮かんだ！　助けてくれる。絶対に駆けつけてくれるミュージシャンがいた！　その名は東京スカパラダイスオーケストラ！　周防正行監督『ファンシイダンス』（1989年）で出会ってから仲良しになったスカパラ！　きっと助けてくれるに違いない！　ぼくはバリトンサックスの谷中敦に電話をした。

「谷中〜、助けてくれー！」

谷中は言った。

「いつでも助けますよ」

そして……「玉置浩二ｗｉｔｈ竹中直人と東京スカパラダイスオーケストラin武道館」と新たなタイトルとなったのだ。スカパラがついていてくれたらもう千人力だ。ジョイントコンサートに向けてぼくたちは練習に励んだ。

そして……武道館当日。ぼくはスカパラをバックに歌った。ものすごく恥ずかしかったけれどね。ぼくが小学生の頃からずっと大好きだった加山雄三メドレーもスカパラと共に歌った。「君が好きだから」「美しいヴィーナス」、そして「旅人よ」。

「風にふるえる緑の草原〜♪」と歌っていると……もう一つの歌声が、後ろから聞こえてきた。ぼくは思わず振り返った。

うわー！　加山雄三だ！　本物の加山雄三だ！　ぼくは武道館のステージで初めて加山さんにお会いした。それも40歳にして初対面。まさか武道館のステージ上で……。40歳のぼくは武道館のステージ上で小学生になっていた。「旅人よ」を最後まで一緒に歌った。

頭の中で瞬時に子供の頃の記憶が蘇る。初めて観た若大将映画が『ハワイの若大将』（19

63年）だったこと。ぼくが中学1年生だった時、有楽町の日劇で行われた「加山雄三ショー」を最後列で観たこと。加山雄三が遥か遠くに見える。でも同じ場所にいるという喜び。父が一生懸命並んでそのチケットを手に入れてくれたのに双眼鏡は買ってくれなかったこと。隣の人は双眼鏡でステージ上の加山雄三をがっつり見ている。ぼくも目をいっぱいいっぱい見開いて加山雄三を見つめたこと。帰りに銀座のレコード屋さんで加山雄三のLPレコードを買ってもらった時のうれしかった気持ち。たくさんの思いが溢れ出した。その加山雄三がぼくのすぐ目の前にいる。

「いやぁ竹中君、君はすごいね。秀吉だもんなぁ〜。いやぁ〜ぼくの歌も本当によく知ってるなぁ〜」

「加山さん、初めまして。竹中です。まさかまさかこんなところでお会いできるなんて……。あまりにも感動的で……」

と、そこに玉置くんが現れる。

「加山さん、ありがとうございます！　竹殿、ずっと内緒にしてたから、楽屋ですれ違ったら大変だって心配してました。スタッフに竹殿がトイレに行く時、しっかり見ててねって」

ぼくが加山さんの大ファンだと知っている玉置くんの優しい計らいだった。スカパラメンバー、ドラムの青木くん、バリトンサックスの谷中、トランペットのNARGO、ギターの寺師、テナーサックスのGAMOさん、ベースの川上、キーボードの沖くん、トロンボーンの北原くんもやわらかな笑顔でぼくたちを見ていた。

「そして！　今回、ぼくの強引な誘いに乗ってくれた東京スカパラダイスオーケストラ！　本当にありがとう！」

そして玉殿、最初に玉殿にお誘いを受けた時、玉殿とジョイントコンサートなんてあり得ない！と思っていたのに……。まさかこんな……玉殿、ありがとう！

そして数年の時が流れた。２０１５年ＮＨＫの『玉置浩二ショー』にハナレグミとゲストに呼ばれた。その時に「竹殿、竹殿のアルバムを作りましょう！」と玉置くんが言った。

「えー?!　本当にー?!　ぼくのアルバムなんて売れないですよー」とぼくは言った。

「竹殿、そんなんじゃなくてアルバム作りましょう！」

うわ、玉置くん、本気だ。

そしてぼくたちのアルバム作りが始まったのだ。まずは玉置くんが曲を描いてＣＤに焼いてぼくに直接手渡ししてくれる。

「竹殿、曲ができました。本日どこかでお会いしましょう！　どちらがよろしいか？」

ぼくたちはどこかお店を決めてそこで落ち合う。ＣＤプレーヤーをぼくが持っていって、玉置くんの前でできたての曲をイヤフォンで聴く。聴いているぼくを玉置くんが満面の笑顔で見つめている。ラーラールールーと歌っているだけなのにあまりにも素晴らしい歌声だ……。

「竹殿、どうですか？　気に入ってくれましたか？」

「はい！　最高です！」

玉置くんの曲ができると、雨の日も風の日もぼくたちは逢瀬を重ねた。ぼくは玉置くんの描いた曲を自宅に帰って改めて聴きながら玉置くんのラーラー♪　ルールー♪　に当てはまるようスケッチブックに詞を描いてゆく。ひとつひとつの音に言葉がおさまるように……。そしてできあがった詞を玉置くんに届ける。

「竹殿、仮歌ができました！　どこかでお会いしましょう！」

ぼくの描いた詞がどんなふうに歌われるのか……。自宅に帰りどきどきしながら耳を澄ます……。

♪8月のロケットが入道雲をかき分け飛んでゆく　白い大きなシーツが風にふわふわ揺れている……♪

すごい……すごすぎる……！　仮歌があまりにもすごすぎる……!!　みずから歌う気が一切なくなってしまった。茫然自失……。まさにその四文字熟語が浮かんだ。四面楚歌も好き！

――それ、今は関係ないだろ。

ぼくは意を決して玉置くんに電話をした。

「もしもし、竹中です……」

「もしもし、竹殿、聴いてくれましたか？」

「はい、聴かせていただきました」

「どうでした？」

「……玉殿、ぼく、……歌えません……。……仮歌があまりにも素晴らしすぎて歌えません。

絶対歌えないです。玉殿が歌ってください。ぼく無理です……」と言った。

　すると……、

「竹殿！　何を言ってるんですか!!　竹殿が歌わなくてどうするんですか！　これは竹殿のアルバムです!!　絶対歌ってください！」

　怒られた……。玉置浩二に怒られた。ぼくは子供のように答えた。

「はい。歌います……」

　そして、玉置くんのスタジオでそのアルバムをレコーディングした。玉置くんの意向は「竹殿、一発本番でいきましょう」だった。一曲、一曲、玉置くんは満面の笑顔でオッケーを出してくれた。紆余曲折あったけれど、たった3日間、あまりにも早くレコーディングは終わってしまった。そしてできあがったアルバムタイトルは『ママとカントリービール』。玉置くんとぼくの2人の合作ができあがったのだ。「ママとカントリービール」という曲は玉置くんもたまにコンサートで歌ってくれている。

　このアルバムを作っていた頃は本当に毎日のように玉置くんに会っていた。

　ある雨の日、玉置くんと三宿にあるバーで待ち合わせをした。玉置くんは背中にギターを背負ってやってきた。その日、待ち合わせ時間より早く着いたぼくはひとり飲みをして、いつになく酔っ払ってしまった。そこにギターを背負った玉置くんが颯爽と現れて「竹殿、またいい感じの曲ができました」と満面の笑顔でCDを渡してくれた。玉置くんは大きいからドアを開けて入ってくるだけですごい迫力なんだ。できたての曲をイヤフォンで聴いてるぼくを、玉置くんがにこにこして見つめている。

「いや、最高です」

「よかった！」

玉置くんの表情は常にはっきりしている。よかった時は本当によかった！とかがやく笑顔でオーラを放つんだ。うれしくて酔いが回ってしまった。すると玉置くんは「竹殿、タクシーを拾いましょう」と言って立ち上がった。

「竹殿、行きますよ」

わざわざ持ってきたギターを背中に背負い、店のドアを開けてくれた。もしかするとそのギターは、できたての曲をぼくに生で聴かせようと持ってきてくれたのではなかっただろうか……。それなのに……。


あ……それからね……玉置くんから「新しい曲ができました！　竹殿にすぐに、すぐに聴いていただきたい！」と連絡があった。

「うわぁ〜、ぜひ聴きたいです！　ただぼく、明日早朝ロケで千葉なんです……」

「竹殿！　分かりました！　千葉に早々に届くよう手配します！」

「え？　大丈夫なの？」

「はい！　明日、竹殿は千葉？でしたか？　その千葉で聴けるように届けます」

「了解です！　楽しみです！」

次の日、明け方前に出発し、ぼくは千葉にある小さな民宿で『野武士のグルメ』（2017年）というドラマの撮影をしていた。とてもよい天気で海風の心地よい日だった。

民宿の控え室にマネージャーが玉置くんのCDを届けに来た。

「竹中さん、玉置さんからCDが届きました！」

え？　こんな早朝にどうやって?!と思ったけれど、早速プレーヤーにCDを入れた。楽しみだ……いったいどんな曲だろう……。前奏が流れ出した。すると、「竹中さん、準備お願いします！」と助監督の声。

「あっ、はい！」

ぼくはCDを止めて撮影現場に向かった。そしてワンカットが終わり急いで控え室へ。イヤフォンをつけCDプレーヤーをプレイに……前奏が流れ出した。わっ……なんて素敵な……。

トントン！

「竹中さん、現場にお願いします！」

うわぁ～、早っ！　早く聴きたいのに!!

「はい！」

ぼくは現場に向かった。もう早く曲が聴きたくてたまらない！　ぼくの気持ちは玉置浩二の音楽に向かってしまっている。しかしそこはプロ！　セリフもしっかり覚えている。

「はい、カット！　オッケー！」

「では次のカットの準備をしまーす。竹中さんは控え室にお戻りください」

ぼくは急いで控え室に戻る。そして聴く。すると、またすぐ呼ばれて撮影。その繰り返しだ。

そしてやっと休憩になったその時！　携帯電話が揺れた。外は本当に青く、太陽に照らされ青い海がキラキラ光っている。ぼくは携帯を取った。玉置くんからだ！

「はい！　もしもし！」

「竹殿。聴いていただけましたか？」

「あ〜玉殿、聴いてます！　今、撮影でバタバタしてますが、撮影の合間で聴いています！　今からちゃんと聴きます！」と、ぼくは言った。すると……。

「竹殿、合間に聴いているとは何事ですか?!」

突然、玉置くんの語気が荒くなった。ぼくはびっくりした。

「あ、いや、早く聴きたいのに、すぐに呼ばれて聴けない状況で……」

「竹殿、合間で聴いているのならこのアルバム作りはやめましょう……」

「あ、いや、そんな……合間で聴いているというか、すぐにでも聴きたくて……」

「ぼくの曲は合間に聴くものですか?!」

「いや、違います違います」

「落ち着いて、ちゃんと聴いてください。合間で聴いてるとは何事か!!」

怒られた。玉置くんにまた怒られた……。ぼくの心は一気に奈落に堕ちていく。すると……。

トントン！

「あっ、はい」

外から助監督の声。

「竹中さん、監督が今ちょっとだけ次のシーンの打ち合わせをしたいそうなんですが、よろしいですか？」

「あ、はい。ちょっと待ってください。あ、もしもし玉殿……」

「竹殿、もういいです。アルバムを作るのはやめにしましょう」

「え？　え？　え？　そんなぁ〜」

ぷつっ。切れた……電話が切れた……。

「ちょっと待ってください。すぐ行きます」

ぼくは助監督に言った。

「今、合間で聴いていて」「今、合間で聴いていて……」、自分が発した言葉を何度も繰り返した。ああ……なんて言葉を吐いてしまったんだ……。なんて最低なことをしてしまったんだ……。その後の監督との打ち合わせは心ここに在らずのまま進んだ。さっきまで美しく見えた青い空なんて別にどうでもいい。お弁当も食いたくない。

「合間で聴いています」

でもぼくは、すぐに聴きたかったから……。でも聴こうとしたら助監督に呼ばれて……あ、いや、助監督が悪いわけじゃない。「あ、玉置くんの曲が届いた。でも今は撮影中だから、お昼休憩になったらゆっくり聴こう！」となぜ思わなかったんだ……。おい！　なぜ思わなかったんだよ！　おい！　おい！　おい！　ずっと頭の中でこの言葉がまわり続けた。あぁ……今日は夜中まで撮影だ。もうダメだ。今日はもうダメだダメだダメだダメだ……。

休憩のたびに玉殿に電話を入れた。出てくれなかった。撮影にも身が入らない。でも「はい！　カット、オッケー」と撮影は進んだ……。アルバム作りは別になくなってもよかった。でも玉殿に「今、合間で聴いている」と言ってしまった自分が情けなくて情けなくて……オレはダメだ。オレはプロじゃない。オレは何者でもありゃしない。消えろ！　もう消えろ！　お前なんて誰も必要となんてしてないんだから……さっさと消えろよ！　消えろ！　消えろ！　消えろ！　たまに出てくるもうひとりの自分がとことんぼくを追い込んだ。

ラストの撮影現場は千葉にある古い駅舎のそばだった。あたりはシンと静まりかえっている。ぼくはロケバスの中で待機していた。じっと手の中の携帯を見る。もう一度、玉置くんに電話を入れた。プルルルプルルルプルルルプルルルガチャ。

「あっ、玉殿!!」

「もしもし竹殿……」

竹中ぁ〜、観たよ〜

子供の頃、田中邦衛さんを『若大将』シリーズで知った。あの顔とあの声がたまらなかった。邦衛さんが出てくると映画の空気がガラッと変わるんだ。そして着ている服もおしゃれだった。めちゃくちゃ面白くて変な俳優なのに、なぜかなんだかかっこよくて、すごく憧れた。シリアスからコメディまで全てこなせる憧れの俳優。しかし、年を重ねて、かなり渋めの俳優のイメージになった。「年を重ねることで味のある俳優になる……」、これはぼくが一番苦手なことだった。いくつになっても、こいつくだらねぇな……っていうのがぼくは好きだったのだ。邦衛さんがかっこいいのは分かっていたけれど『北の国から』で渋くなりすぎちゃって、なんだか照れ臭くなった。もう、あんな青大将みたいな変な役はやらないんだろうな……寂しいな……なんて思った。そう……他人は勝手に人のことを言うんだよ……。

数年後のある日のこと、東宝の本社で映画の取材を終え、エレベーターで1階に降りた。チンッ……。1階に着いてドアが開く。すると！　ぼくは思わず声をあげそうになった。そこにはなんと！　田中邦衛さんが立っていたのだ！　邦衛さんはぼくを見るなり、かなり高いテンションでこう言った。

「竹中ぁ〜！　観たよ〜『Ｓｈａｌｌ ｗｅ ダンス？』。最高だったよ〜、竹中ぁ〜！」

あの顔だ！　あの声だ！　ぼくが子供の頃に感じた田中邦衛と全く変わってない‼　すげー！　映画で観たままだ！　ぼくは感動した。まさかあの田中邦衛さんにオレごときの芝居が褒められるなんて……！　ぼくはいつも自分の芝居に自信を持つことができない。どの現場においても自分の芝居がいいのか悪いのか分からない。以前、『キネマ旬報』に、ぼくが出演したある映画の劇評が載っていた。そこには「この竹中って人は、絶対監督の言うことを聞かない人なのだろうね」と書かれていた。この言葉に心底打ちのめされた。ぼくはいつもどんな作品でも監督の思いをちゃんと感じてやってきた。ひどいなその言葉……違うよ！　それ！　ちゃんとオレ、監督の言うこと聞いてやってるよ！　勝手に決めんなよ！だった……。

だから田中邦衛さんの言葉はとてもうれしかった。「竹中ぁ〜、最高だったよ〜！」、その言葉があまりにもうれしくて「邦衛さん、うれしいです！」とぼくは言ったのだった。

……もし邦衛さんと共演していたらどんな話をしていたのだろうか。ずっと夢を見ているような感じで終わってしまうのかな……。

「おー若大将っ……」「面白くねぇーよ……」

邦衛さんの声で言ってみた。そしてやっぱりぼくは褒められないとダメだなと思った。そしてけなされなくなっちゃうのもダメだな……と思った。

ん？　どっちなんだい？　全く……。邦衛さんとこんな話をしたかったな。

女優

ある舞台の稽古中、ある女優が芝居の稽古をいきなり止めて、台本を手に演出家に近づいていった。ぼくは何が起きたのかと慌てた。

女優が言う。

「どうしてこんなセリフを言うんですか?」

演出家はタバコを吸いながら女優の目を見ずに言い放った。

「人間って嘘をつくじゃないですか……」

すかさず女優は言った。

「そうかしら?」

演出家はタバコをもみ消した。灰皿は吸い殻でいっぱいになっている。

ぼくは極力腰を低くして演出家のテーブルに近づいた。

「あの、灰皿、変えますね」

そして静かにその場を離れた。

ですか?

なんとぼくは吉永小百合さんと共演したことがあるんだ。それも一度きり。堤幸彦監督『まぼろしの邪馬台国』(2008年)という映画。それも夫婦役だった。

撮影現場でのこと。撮影チームから、

「すみませぇ〜ん。カメラがトラブりました」

との声。するとぼくの隣にいた吉永さんが、

「竹中さん、カメラがジョン・トラボルタ、ですか?」

ぼくはびっくりした。

あの吉永さんがそんなことを……。それも「ですか? なぁーんちゃって」じゃないんだ……。いや、やっぱり「ですか?」だな。吉永さんが「カメラがジョン・トラボルタ……なぁーんちゃって!」って言ったら絶対変だものね。

伊豆でロケをした時も……。

「竹中さん、ここはいずこ? ですか……」って。これは本当の話だよ。

東映のスタジオで撮影した時、セットへの入り口がとても狭かった。先に入った吉永さんは「竹中さん、ここは天井が低いから気をつけ……」

ガンッ！

「痛いっ！」

「うわぁ、吉永さん大丈夫ですか?!」

九州の島原ロケでのこと。島原は城下町でとても美しい街だった。映画のロケはその映画でしか出会えない風景がある。島原に小さな川が流れている場所があり、そこで雪降らしのシーンを撮影した。そのセッティングの合間、ぼくは口笛を吹いていた。バート・バカラックの「雨に濡れても」。

するとと吉永さんが、ちょうど奥の控え室から現れて、ぼくの口笛に合わせて軽く踊りながらこちらに近づいてきた。ぼくはうれしくも照れくさい。でも口笛はやめずに少しテンポを上げた。吉永さんはそのテンポに合わせて幅の狭い川をぴょんぴょん跳び始めた。ぼくはさらにテンポを上げる。

「あっ!!」

落ちた！　吉永さんが川に落ちた！　大変だ!!　ぼくのせいだ、ぼくが口笛のテンポを上げたからだ！　ぼくもスタッフも急いで吉永さんに駆け寄った！　すると吉永さんは誰の手も借りずにスッと立ち上がって「はずかしい……」と小さな声を発し、全力疾走で控え室のあった場所へ消えて行った。

吉永さんは晴れ女だ。２週間の福岡、佐賀、熊本、鹿児島、九州縦断の撮影は雨に祟られなかった。ただ一日、長崎だけが雨だった。しかし長崎での撮影は室内のシーンのみ。無事に撮影を終えた。

「竹中さん……」

吉永さんがぼくに近づいてきた。ぼくはドキッとした。

「竹中さん、長崎は今日も雨だった……ですか？」

京香さん

ぼくの2本目の監督映画は『119』（1994年）。

ドラマの撮影で北海道の小樽に行った時のこと。旧式の消防自動車が海岸線を走っているのを見た。消防士たちが何やら大きな声で話しながらゆっくりとぼくの前を通過して行った。

その時、ふと物語が浮かんだ。火事が全く起こらない平穏な田舎町に美しい人がやってきて、静かだった消防士たちの日常が微かにざわめく映画を作ろう！と思ったのだ。その田舎町にやってくる女性は鈴木京香さんだと直感的に浮かんだ。

今からもう30年以上も前の話だ。舞台は西伊豆。竹中組は天候に恵まれ撮影は順調に進んでいた。その日、京香さんの出演シーンはなかった。ところが……。

「監督、撮影は順調ですか？」

「あっ、京香さん、びっくりしたぁ」

「撮影見学に来ちゃいました」

「どーぞ。どーぞ」

西伊豆の海辺近くに立つ消防署のオープンセットで赤井英和、浅野忠信、塚本晋也、温水洋一、津田寛治の消防訓練シーンを撮影した。海風も柔らかく暖かな5月だった。遠くからブルーのカーディガンを着た京香さんがぼくたちの撮影を見学している。京香さんの後ろを地元のお豆腐屋さんのカブがゆっくりと通過してゆく。うれしいなぁ……撮影を見に来てくれるなんて……。ぼくは何度も振り返った。

いくつかのシーンを撮り終え、ふと見ると京香さんの姿が消えていた。振り向くと必ずそこにいた京香さんがいない。帰ってしまったか……。何も言わずに帰ったのはぼくたちへの気遣いだ……。なんだか急にさみしくなった。みんなもなんだか残念そうな表情を浮かべていた。

無事に昼間のシーンは撮り終えた。次は夜になってから。17時過ぎ、夕飯休憩になった。まだお腹の空いていないぼくは、タバコを吸いながらロケセットの周りをぶらぶら歩いていた。すると……セットとセットの狭い隙間に京香さんがいるではないか！　それも小さな椅子に座って眠っている。なんてすてきな……！　ぼくはゆっくりそっと京香さんに近づいていく。眠っている。小さな寝息をたてて眠っている……。

「あっ！　監督、ごめんなさい！　なんだか眠くなってしまって本当に寝ちゃった！」

「いやいや、とんでもない。起こしてしまいましたね」

「ごめんなさい。みなさんに失礼だから宿に帰ろうと思ったんですが、撮影を見てるのが楽しくて……。でも眠くなってしまって、ここなら目立たないんじゃないかなと思ったら本当に寝ちゃいました」

やわらかな京香さんの声が心地よい……。

「あっ」

いつの間にかみんなが集まってきていた。赤井くん、浅野くん、塚本監督、ぬくちゃん、津田寛治、みんなにやにやにやけてる。まるで映画のワンシーンだ。

「やったね、京香さん、明日はホームランだ！」

何を思ってか温水が言った。

「なんだそれ⁇」

みんなでげらげら笑った。京香さんも楽しそうに笑ってる。

映画『119』の撮影は順調に進んだ。憧れだった松竹の大船撮影所に、セットも建てた。予算があったんだな……。久我美子さんと京香さんの2ショットも撮ることができた。鈴木京香を原節子のように……。

そんな大それた思いを胸に映画は完成した。

なんとかなるでしょ！

スーパーバタードッグの名曲「サヨナラCOLOR」（作詞・作曲：永積タカシ）に触発されて作った映画『サヨナラCOLOR』（2005年）。評論家の人やSNSではめちゃくちゃ酷評された映画さ。でもぼくは大好きな映画だ。言いたいやつには言わせときゃいいのさ。

さあ、驚いちゃいけないぞ。その映画、僕と同級生の役がなんと、原田知世なのだ！　それは絶対あり得ない！と思うだろう？　でも知世ちゃんにどうしてもやってもらいたかったんだ。

そして連絡したんだ。

「もしもし知世ちゃん、久しぶり。あのね、今、準備している監督映画なんだけれど、僕と同級生の役をぜひ知世ちゃんにやってもらいたいんだけれど……それは絶対無理だよね??」

そうしたら知世ちゃん、なんて言ってくれたと思う？

「なんとかなるでしょ！」

だぜ。すげーだろ。

そして映画『サヨナラCOLOR』が動きだした。どこでそれを聞きつけたのか、清志郎から電話があった。

「もしもし、忌野ですが、竹中、映画撮るんだって？」

「あ、はい。撮ります」

「出番ないか？」

「うわっ！　清志郎さん！　出てくれるんですか？」

「出たいんだよね」

そして清志郎さんもなんと、ぼくと同級生役で出演したのさ。


それから何年かが経ち、ぼくはテレビドラマで知世ちゃんと久しぶりに共演した。ぼくは知世ちゃんの住むマンションの管理人役だ。めちゃくちゃイヤな管理人。引っ越してきたばかりの知世ちゃんの部屋にズカズカ上がり込んでいく。それに対して知世ちゃんは、何？　この人……と露骨に嫌がらないといけない。

ところが……！　監督が言った。

「原田さん、楽しそうなんですが？　嫌がってもらわないと困るんですけど。ではテストもう一度行きます。テスト、よーいスタート！」

知世ちゃんに続いてぼくがズカズカ部屋に上がり込む。はしゃいでる。知世ちゃんの背中がウキウキはしゃいでる！　ぼくはうれしかった。でも監督が、

「カット。すみません原田さん、楽しそうに見えてしまいますね。嫌がってください」

自分で言うのもなんだけれど、知世ちゃんは久しぶりのぼくとの共演で喜んでくれていたのだ。でもぼくはイヤな奴の役。知世ちゃんは嫌悪感を抱かないとだめなのだ。しかし、何度やっても知世ちゃんの背中は楽しそうでいてくれて、ぼくはとてもうれしかった。

あ、ふと思い出した。『時をかける少女』（１９８３年）の公開当時、柄本《えもつ》ちゃんと一緒に観たんだ……。渋谷パンテオンで。

左側に気をつけろ

ぼくの監督映画にどうしても森田芳光監督に出演してもらいたかった。ダメ元でお願いすると、意外にもオッケーをいただいた。

その映画とは、写真家・荒木経惟さんとその妻・陽子さんのフォトエッセイが原作の『東京日和』（1997年）だ。森田監督には写真雑誌の編集者の役をお願いした。日活撮影所の一番大きなスタジオに、実際の荒木さんの家を模擬した大きなベランダ、そして室内をセットで作った（いやはや予算があったんだなぁ……）。その時の出来事……。

森田監督演じる編集者が荒木さんの家に訪ねてくるシーンの撮影だった。大きなベランダに出た森田監督が「これが噂のベランダかぁ〜、いいなぁ〜」と、初めて訪れたベランダに感動する。そして荒木さん役のぼくとしばらくベランダからの風景を見るカット。

一度、動きのテストをした。その時にふと思いついたことがあり、森田監督に伝えた。最初は2人で並んでベランダに入ってくる。その時ぼくは、監督の左側にいる。「これが噂のベランダかぁ〜、いいなぁ〜」と言いながら監督が前に出ると、ぼくは監督の右後ろへと自然に移動する。そして監督が、さっきまでぼくがいた左側を向いて話しかけようとすると、ぼくがいない。それで、「あれ？　いない」と言いながら右を向くと「あっ、いた」と言う。分かってもらえたかな？　「さっきまで左にいた人がちょっとした隙に右側に移動していて驚く」ってやつだ（今思うと、なんだかお芝居のエチュードみたいだ）。別にどうだっていいシーンなんだけれど、そんなカットを撮りたくなったのだ。

森田監督は「了解」と言ってくれた。そして本番。

「これが噂のベランダかぁ～、いいなぁ～」

監督が前に出る。そしてその間にぼくは右側に移動する。すると監督はすぐに右を向いてぼくに話しかけた。あれ？

「カット、監督すみません。まず、いるはずの左側を見てから「あれ？　いない」と言って、右を見たら「あっ、いた」でお願いできますか？」

「了解」

「ではもう一度本番行きます。本番、よーいはい！」

監督が言う。

「これが噂のベランダかぁ～、いいなぁ～」

そして左側を向いてくれるはずが、監督はすぐに右側を見てしまった……。

「あっ、すみません、カット」

い、いかん。これ以上こんなことを繰り返していたらイヤな監督になってしまう……。森田監督が言った。

「いや、なんか右側に移動してるってことを聞いちゃったから、右を見ちゃうんだよね」

「あっ、そうですよね……。でも一応お芝居で、左側にいると思ってたら右にいたって感じでお願いしたいんですが……」

「了解」

そして本番。

「これが噂のベランダかぁ～、いいなぁ～」

監督が前に出る。ぼくは右側にそっと移動する。すると監督はまたすぐに右を見てしまった！

「だめだ、竹中さんが右に動くって知っちゃってるから、どうしても右を見ちゃうんだよね」

「あ……そうですよね……。あ、いや、あ、いや大丈夫です！　この芝居はやめましょう！すみません、何度も」

結局、このシーンはカットしてしまった。しかし予告編では微妙に使われているのだ。

今だから言えるけれど、ぼくの映画に森田監督に出演してもらったのは森田作品にぼくも呼んでくれたらうれしいな……というメッセージだったのだ。しかし……森田組に呼ばれることはなかった……。

ぼくにとっての監督映画はお客様には向かっていない。
ぼくが向かうのは
その映画を作るために集まってくれたスタッフだ。

監督失格

『東京日和』を監督していた時。ぼくは調布日活に建てられたベランダのセットで、陽子役の中山美穂と向き合っていた。

「美穂ちゃん、みんなが去ったベランダでタバコを吸えるかな?」

「ええ。吸えますよ」

「よかった。じゃあもう本番行っちゃうね」

「はい」

美穂ちゃんがタバコに火をつけた。

「本番……、あっ、ちょっと待って」

その時、ぼくは俳優のお芝居にゆだねず、「美穂ちゃん、ここで泣いてほしいんだ」と言った。すると……、

「そう言われたら泣けなくなる」

し、しまった……美穂ちゃんは全てを分かっていたんだ。タバコを吸うカットを増やした意

味を……。最低な演出をしてしまった。俳優にゆだねるということを怠ってしまった……。今もあの時の美穂ちゃんの声が耳に残っている。

　映画の舞台となる柳川の駅がイメージに合わず、佐賀県にある厳木《きゅうらぎ》という駅で撮影をした。近くに年季の入った大きな給水塔がある、長い長いホームの駅。その日は空も青く、初夏の匂いに包まれていた。

「竹中、やってるなー！」

　撮影現場に声が響き渡った。荒木さんがロングコートを風になびかせ、シャッターを切りながら満面の笑顔でやってきた！　まるで少年のような荒木さんの笑顔。そしてこの日、荒木さんは駅員として出演することになっていた。

　撮影が始まった。花を摘んで、電車の発車時刻ギリギリでホームにたどり着く中山美穂。美穂ちゃんが走ってくる姿をまずは正面から撮影。そしてその切り替えしの画を撮る。35ミリカメラはぼくをとらえている。ぼくが走ってくる美穂ちゃんに向かって「早く早く」と言う。するとぼくの後ろに、しっかり重なって隠れていた荒木さんがスッと現れ、「早く早く」と言って駅舎に消えてゆくカット。映画を観た人は「あっ、荒木さん?!」と驚くサービスカットだ。

「では、テストしますね。荒木さん、ぼくが「早く早く」って言ったらスッとぼくの後ろから現れて「早く早く」と言って、駅舎に去っていってください。よろしくお願いします」

「よし。分かった」

「では、1回テストしますね。よーい、はい！」

ぼくが「早く早く」と言う。荒木さんがぼくの後ろからスッと現れ、美穂ちゃんのほうを見て「早く早く」と言った。すると……、荒木さんはすぐに去らずにぼくを見て「いいのかこれで?」と言った。

「カット! 荒木さん、とてもいいです。でも「いいのかこれで?」は言わなくていいです。「早く早く」を言ったら、すぐに駅舎のほうへ去ってください」

荒木さんは「よし、分かった」。荒木さんは監督のぼくに、こういう芝居でいいのかな?と確認したかったのだ。

「では本番行きましょう! 本番、よーいはいっ!」

「早く早く」

ぼくが美穂ちゃんに向かって言う。すると荒木さんがぼくの後ろから現れて「早く早く」。しかし荒木さんはすぐに去らず、またもやぼくに向かって「いいのかこれで?」と聞いた。あれれ……。

「カット。荒木さんすみません、あの……「いいのかこれで?」は言わなくていいです。芝居は全然オッケーなので「いいのかこれで?」は言わないでそのまま去って大丈夫です。よろしくお願いします」

「はいはい、分かったよ」

「ではもう1回本番行きますね。本番、よーいはい!」

ぼくが「早く早く」。荒木さんが現れて「早く早く」。すると……荒木さんはぼくを見て「いいのかこれで?」とまた聞いたのだ。

「カット。荒木さん本当に本当にすみません……、「いいのかこれで?」は言わないでくださ
い……」

「うるさい監督だなぁー!! 全く!!」

ああ……! 荒木さんが怒ってしまった……! た、大変だ。

「すみません、荒木さん、本当にすみません」

ぼくは何度もあやまった。本当の話だよ。

『東京日和』を映画にする前に荒木さんと雑誌の取材で新宿の街を歩いた。荒木さんはポケットからコニカを取り出し、サッと横に移動しながらシャッターを切った。荒木さんは顔をスッと上げてニコッと笑いながら「竹中、東京は流れてる」と言った。

P.S. それから荒木さんはね、フィルムカメラの日付を10年先に進めてシャッターを切って「竹中、オレは未来を撮ってる」って得意そうな顔でぼくに言ったっけ。

アルル

アルルは泣き虫。すぐに泣く。

キッチンでお母さんの洗い物を手伝っていたら、コップを割ってしまった。お母さんに怒られた。今日のお母さんはなんだかイライラしている。声の音で分かった。

「もう、手伝わなくていいから」

お母さんの声は静かだったけれど、とても怖かった。急に涙がこぼれた。

「ママ、ごめんね」

お母さんは黙っていた。

アルルは外に出た。外はもう夕方だった。でもなんだか歩きたくなった。

一回キッチンに戻った。お母さんはガチャガチャ音を立てて食器を洗ってる。それじゃあ自分だって割っちゃうよ、と思った。

アルルは以前にお母さんが描いてくれた地図を持ってそっと外に出た。外から家を見ると、電気をつけているお母さんの姿が窓から見えた。まるでお母さんがよその人のようだ。アルルは走った。なんだか泣きそうになって走った。走っていたら涙は止まった。でもすっかり夜になってしまった。深い森の中、アルルは道に迷ってしまった。お母さんの地図も読めない。でもだんだん夜に目が慣れて、周りが見えてきた。

たくさんの大きな山に囲まれた場所にアルルはいた。空を見上げると満天の星。「怖い……」。アルルは初めて星が怖いと思った。ものすごく怖くなってまた泣きそうになった。もう帰れないかもしれない……。家を出たことをたくさんたくさん後悔した。アルルはとうとう泣いた。

アルルの泣き声がこだまになってかえってくる。

ウワァウワァウワァウワァウワァウワァウワァウワァウワァ……。

アルルはその声にびっくりした。びっくりしてピタッと泣き止んだ。

……夜はシンと静まりかえりアルルを摑もうとする。すると、

……ヒュイ、ヒュイ、ヒュイ　ヒュイ、ヒュイ、ヒュイ。

遠くから悲しい鳴き声が聞こえてきた。ヒュ〜イ、ヒュ〜イ、ヒュ〜イ。どこか死んだお父さんの口笛のようだ。アルルは夜を深く吸った。

アルルは思い出していた。お父さんと2人で山を登った時のこと。遠くからヒュィ、ヒュィと聞こえてきた時。お父さんがその鳴き声を真似して口笛を吹いた。それに反応したのか、いったん鳴き声が止まった。

「止まっちゃったね」

「うん」

するとヽ、ヒュイ、ヒュイ、ヒュィ。やまびこのように声が返ってきた。その時お父さんが言った。

「あの声はね、四つ目鹿だ。四つ目鹿はいつもひとりぼっちなんだ。目が四つあるから誰も仲良くしたがらないのさ。四つ目鹿は自分の顔が見れない。鏡なんかないからね。だから仲間が近づいてきても、その顔にびっくりして逃げちゃうんだ。だから四つ目鹿はさみしくてさみしくて、夜になるとヒュィ、ヒュィと二度と会えないお母さんを探して鳴いているんだ。

「どうして二度と会えないの?」

「四つ目鹿のお母さんはね、子供を産むと役目が終わったと思いこんで山の彼方へ死にに行くんだよ」

アルルはひとり、唇を尖らせた。遠くから、ヒュィ、ヒュィヒュィと聞こえてくる。アルルは唇を尖らせて吹いてみた。ヒュ、ヒュ、ヒュ。聞こえたのか、ヒュイ、ヒュイ、ヒュイ、と遠くから四つ目鹿が鳴いている。アルルは言った。

「お父さんの口笛だ……」

ヒュイ、ヒュイ、ヒュィ……。

Ⅱ

なぁ

「え？」

——自分の説明してみろよ。

「自分の？」

——お前は何者なの？

「何者？　何者でもないよ。名前と生年月日はしっかり言える」

——言ってみ。

「竹中直人。１９５６年3月20日」

——……68歳か。

「だな。ただ生きてきたよ。その歳まで……。横浜市金沢区富岡町。中区役所で働いている父・博美。同じく磯子区役所で働いている母・芳枝。その２人の間に生まれたのがオレだ。「直人」は自分に正直に生きてほしいとつけたそうだ。共稼ぎの両親。ひとりっ子の鍵っ子さ」

——へぇ。横浜出身なのか。

「うん。横浜と言ったって田舎だった。5分歩けば海、5分歩けば山。夏は木を揺するとクワガタカブトムシが落ちてきた。海は潮干狩りで有名だった」

——ほう。ずいぶんと自然に囲まれた環境に育ったんだな。

「ああ、夜になると真っ暗さ。まだ家にも電話がなくて、近所の北見さんの家に借りに行ったりしていた。あとはどこの家も薪のお風呂だった。だから一回沸かしたお湯を捨ててしまうのはもったいないから「もしよかったら入りにきませんか?」と近所の人が声をかけてくれるのさ。そのことを当時、「貰い湯」って言ってたな。銭湯にも行ったよ。帰り道、電気屋さんの店先にあるテレビの前に近所の住民が集まってプロレスを見るんだ。力道山がかっこよかった。まだ家にテレビがなかった時代さ」

——へぇ、すごい時代に生まれたんだな。

「富岡にはあの直木賞で有名な直木三十五のお墓があった。近くには石碑もあってな、父と散歩をすると、必ず父はその石碑に刻まれた言葉を口に出した。「直人、〝貧乏は長く芸術は短し〟だ」。父は労働組合の委員長をやっていた。沖縄の返還運動、エンタープライズ入港反対運動などに連れていかれたな。父は読書家で、家には日本文学全集、世界文学全集がずらっと並んでいた。夏目漱石、小林多喜二、松本清張、高見順、三島由紀夫、田宮虎彦……もちろん遠藤周作も」

——へえ。そうなんだ。

「初めて観た映画はイタリア映画さ。父はよく「贅沢は敵だ」なんて言ってた」

——で？　そのイタリア映画は？

「ピエトロ・ジェルミ監督の『鉄道員』（１９５６年）だよ」

——お父さんはプロレタリア思想を持ってたんだな。

「もちろんリバイバル上映だった。その後もやはりピエトロ・ジェルミ監督の『刑事』（１９５９年）だ。その時の映画音楽、「アモーレアモーレアモーレアモレミーヨー♪」が子供ながらに深く耳に残った。初めて触れた映画音楽だよ。『鉄道員』のテーマ曲もそうさ」

——たけちゅうがいくつの時だ？

「小学校１年生だよ」

——ませた子供だったんだな。

「父も母もぼくの年齢に関係なく映画を観せていたよ。『００７は殺しの番号』（１９６２年）はリアルタイムで観てる」

——ほんとかよ?!　原題は『ドクター・ノオ』だよな。

「そうそう。当時は『殺しの番号』ってタイトルさ。それから００７シリーズはリアルタイムで全部観てるぞ」

——そいつぁすげーや。

「みんなが怪獣映画で盛り上がってるのに、ぼくは全く興味なしでボンドガールに夢中だった。小学生の頃からボンドガールの名前は全て言えたぜ」

——全くませたガキだ。

「でもエッチなシーンになるとお母さんがぼくの目の前に手を翳《かざ》すんだ。素直に観なかったよ」

——ほんとか？

「本当だよ。ぼくは運動神経も鈍かった。体育はずっと「1」だ」

——だろうな。

「ああ。でも、走るのだけは速かった。それと跳び箱もかなり高く跳べた。将来の夢は「漫画家か公務員になりたい」と書いていた。父も母も公務員だったからな。漫画家には憧れた。石森章太郎さんの『マンガ家入門』は大切な本だった。コマ割り、ベタ、なんて言葉も覚えた。ぼくは模写がうまかったんだよ。手塚治虫さんや、さいとう・たかをさん、ちばてつやさん、川崎のぼるさんの漫画の模写はよくやったな。水木しげるさんの世界も大好きだった……」

——なるへそ。模写が上手いってのは今につながってるな。

「通信簿には「協調性がない」「積極性がない」とずっと書かれていた。でも恋はしていたぞ」

——おっ！　いきなり来たな。

「幼稚園の頃から恋はしてた。その記憶はまだ残っている。お遊戯会で『星の王子さま』をやった時、松本和子ちゃんの佇まいに惹かれ好きになった。小学校1年から5年までは鈴木裕子さんだ。小学生なのに人を射抜くような目をしていたんだ。6年の時に雨善翔子さんを好きになった。美しい人だった。でも誰とも口をきいたことはない。鈴木裕子さんが学校から帰る時、跡をつけてったことがある。どこに住んでるか知りたくてな」

なぁ

――今で言うストーカーじゃねぇか？

「ぼくの時代はそんな言葉はなかった。鈴木さんが坂を登ってゆく後ろ姿をずっとブロック塀の影から見ているんだ。そうしているとなんともいたたまれない気持ちになって、大きな声で「ふにくりっ、ふにくらっぁ～♪」と歌ってしまったことがある」

――それってイタリアの登山鉄道の歌だよな？

「そうだよ。あの伸びやかなメロディが好きだったのさ」

――で？

「その歌声が鈴木さんに届いて彼女が坂の途中で振り向くんだ。その振り向く瞬間だけをしっかりと見てサッとブロック塀に隠れるのさ」

――本当に変わったやつだな。

「ぼくは左利きだった。ぼくの時代で左利きは「ギッチョ」と言われて特異な目で見られたんだ。だから母はぼくの左利きを直そうと必死だった。習字の塾にも通わされた。でもぼくの左利きは直らなかった。ただ、せめて食べる時は右手でと、母はぼくに哀願したんだ」

――ほお。

「だいたい世の中のものは右利き中心に作られてるからさ、左利きの人間は、あれ？　なんだか変だぞって思うことがたくさんあるんだ。例えば、ぼくが劇団員時代、若手が舞台を組むのは当たり前だった。舞台の基盤を作るためにパイプを組み合わせるんだけど、この組み合わせを毎回間違えてしまうんだ。分かるかな？　左利きの感覚でパイプを組んじゃうんだ。最初の頃、「誰だ?! このパイプ組んだのは?!」って先輩が怒鳴ってて、ぼくも誰なんだ? 名乗り出ろよ！って思ってた。でもな、何度目かに心が叫びそうになったんだ。うわぁ〜!! オレだ！ オレじゃねーか!!って」

——マジか?!

「マジだよ。思い切って言ったよ。「ぼくでした！」って。「竹中ぁ〜!! やっぱりお前かぁ〜!! お前はもう何にもやらなくていい!!」と先輩の俳優に怒られた」

——へぇ……。最低だな。

「そうさ最低さ……おい！ テメェ誰なんだよ?!」

——お前だよ。お前自身だよバーカ！

「……」

——で?

「小学6年の時に担任の萩原しずほ先生が両親を呼び出したんだ。萩原先生は本当に「先生」という感じで生徒一人ひとりをしっかり見ている人だった。子供ながらにそれは感じていたよ。小柄な先生だったけれどグレーの落ち着いた色のジャケット、スカート、白いブラウス姿で姿勢もよく、凜とした人だった」

——何か問題おこしたのか?

「萩原先生は父と母に言った。「竹中さんのお子さんはとても個性的です。その個性を伸ばしてあげるために、私立に入れてあげてください」と……」

——へえ……。

「うちにはそんなお金はない」と父は言ったが、萩原先生は必死に父と母を説得したそうだ」

——で、中学受験して私立に入ったのか……？

「そうだ。そこで初めて讃美歌を知った。ぼくは何の宗教にも入ってないけれど讃美歌に出会えたのは感動的だった。あの美しいメロディは今でも口ずさめる」

——恋は？

「したぞ。中学1年2年は同じクラスの下長由紀子さんを好きになった。彼女のクールな佇まいに惹かれたのさ。そして中学3年は香山厚子さんだ。かわいい人だった。一瞬、狩野有佐さんという人にも心を奪われた。ファンタジックな雰囲気を持った人だったんだ」

——口は？

「3人とも一度もきいたことはない。でもな、狩野さんの家は京浜急行の追浜《おっぱま》にある鷹取山の麓にあったんだ。その鷹取山のてっぺんから彼女の名前を叫びたくてワンダーフォーゲル部に入ったんだ」

——おもろいやつだな。

「放課後、彼女の下駄箱に手紙を入れたんだ」

——どんな手紙だ？

「『今日の夜7時に耳を澄ませていてください。きっとぼくの声が聞こえるでしょう』。その日の夜、鷹取山のてっぺんから『狩野さぁーん！　好きだー大好きだー！』と叫んだのさ」

――ほー。彼女には聞こえたのか？

「次の日、ぼくの下駄箱に狩野さんからの手紙が入っていた」

――なんて書いてあった？

「『やめてください。竹中さんは何を考えているか分からないし、気持ち悪いんです』」

――……。

「高校1年の時は美術部に入ってきた笠川真理子さんを好きになった。その頃フジカシングル8という一般の人でも動く映像が撮れる8ミリフィルムカメラが登場したんだ。大好きな笠川さんの動く映像を撮りたくて、美術部を巻き込み、フジカシングル8を部費で買ったのさ。文化祭に向けて美術部のドキュメンタリー映画を作ろうとな。フィルムは1本、3分しか回せない。フィルム代は高いから2本しか買えない。鎌倉の駅で待ち合わせして、由比ヶ浜でスケッチする美術部員たちの8ミリ映画。ぼくの最初の監督作品だ」

――なるへそ。

「でもな、笠川さんは全く映ってないんだ……」

――どうして？

「好きすぎて撮ろうとすると撮れないんだよ」

――何だそりゃ？

「情けない話さ。笠川さんはできあがったフィルムを見て何で私が映ってないの？って思っただろうな……。そして時代はフォークブーム！　バイトをしてギターを買った。まず最初に買ったのはGibsonをもじったTomsonという1万円のギターだった。夢中で練習したよ。

あっ、それから学校には個性的な先生がいっぱいいた。あまりに個性的で、先生たちのモノマネがすぐできたんだ。地理の荒井貞先生。右手に教科書を持ち、ズレてくるメガネを左手の人差し指でチョン、チョンとおさえながら「どうですかぁ〜、地図帳の24ページ見てくれましょ？　どうですかぁ〜？」と教室中を歩き回るんだ。語尾につく「ましょ？」があまりにも可笑しくてな。それと英語の村田凡愛先生も最高だった。もうおじいちゃんさ。「ワンスモーというのはワンスモウ！　相撲をもう一回と発音するんだよー、ねぇ〜」「エクスキューズミーというのはヒキウスメ！　挽き臼をメッ!!　と怒るつもりで発音するんだよ〜ねぇ〜」「竹中は授業をサボっていつも屋上でギターの練習をしているそうだね〜ダメだよ。ねぇ〜」。その「ねぇ〜」を何度も言うんだよ。それがまた可笑しくて可笑しくて……。個性的な先生がいっぱいいっぱい。それにつられてモノマネができるようになったんだ。自分じゃない人間になれるよろこびをこの時、初めて知ったのさ」

——たけちゅうの今をその先生たちが作ってくれたんだな。

「そうだよ。タイプの違う別人格になるよろこびを知ったのはこの時代だった」

——で、実った恋は？

「ない」

——そっか。で、あれだよな、藝大二浪して多摩美に入ったんだよな？

「うん。多摩美のグラフィックデザイン科1年生の時に、浪人時代の友人、村上有子から「たけちゅう面白いから『ぎんざNOW!』の〝しろうとコメディアン道場〟に出なよ!　私応募してあげる!」って連絡があったんだ。それでオーデションを受けに行ったら受かっちゃって〝しろうとコメディアン道場〟に出場したんだ。松田優作、ブルース・リー、丹波哲郎、石立鉄男、森田健作、草刈正雄、刑事コロンボ、原田芳雄のモノマネをした。それでなんと!　5週連続勝ち抜いてチャンピオンになっちまったんだ。それからというもの素人の勝ち抜きモノマネ番組に度々出演するようになったんだ。まだ髪がふさふさだった頃さ。

そして、大学4年生になるとみんなが就活を始めた。ぼくは就職する気が一切なく、新劇に憧れ、俳優座や文学座、円の演劇を観ていたんだ。そして劇団の研究生募集の資料を集めた。その中に劇団青年座があったのさ。青年座の資料に「当劇団は洋物の演劇はやらない」と書いてあった。日本人が「オフィーリア」とか「ロミオ〜!」なんて言うのは恥ずかしすぎると思っていたから、よし、青年座の研究生になろう!と、劇団青年座の試験を受けたら受かっちまったのさ。でも入学金が1年間でなんと!　30万だ。受かったはいいけれどそんなお金はなかった。すると、『ビックリハウス』編集部の榎本了壱さんから連絡があった。「竹中くん、今度渋谷のパルコでね、3分間で人を笑わせたら賞金30万!　〝エビゾリングショー〟というのをやるのだけれど出てみない?」。「出ます!　出ます!　絶対出ます!」。そしてなんと!　見事に優勝!　賞金30万をゲットしてしまったのだ!」

——なんかすごいね……。

「うん。びっくりさ」

なぁ

――そして、劇団青年座の研究生期間を経て、劇団員になれたわけだな。

「うん。最初にやった舞台は『ある馬の物語』という学校公演だ。シマシマのタイツを履いて、黄色いスカーフを首に巻いて、歌って踊るミュージカルさ。なんだか恥ずかしかった。地方の学校の体育館にステージを組んで演るんだ。「旅公演」というのを初めて経験したよ」

――あれだろ？　その舞台でたけちゅうは毎回毎回芝居を変えて、先輩たちを困らせたんだよな？　芝居は固めてくもんじゃない、とか偉そうなことを思って毎回違う芝居して先輩を怒らせた。そうだろ？

「うん。なんか焦ってたんだ。オレはこのままでいいのかな……って。それにバイトバイトの生活もうんざりだったし……。このままじゃ自分はダメになると思った。それで大学時代に出ていたモノマネ番組のプロデューサーを頼って、売り込み活動を始めたんだよ」

――それが26歳だったか？

「そうそう、26歳。そこで人力舎という事務所の社長、玉川善治さんに出会ったんだ」

――知ってるよ、その話。君は面白いから横山やすしさんが司会の『ザ・テレビ演芸』に出てみたらどうだ？って推薦してくれたんだろ？　それで3週連続勝ち抜いてチャンピオンになった。どんなことやったんだっけ？

「文学者のマネだよ。松本清張、芥川龍之介、遠藤周作、武者小路実篤……」

――そして、笑いながら怒る人だ。

「うん。ぼくが27歳。１９８３年の夏だった。笑いに厳しい横山やすしさんがぼくのことを面白いと褒めてくれたんだ」

――ほんとかよ？

「ほんとだよ。やすしさんは優しかった。ぼくが楽屋で落ち込んでると、いきなりドアが開いて一升瓶とグラスを持ったやすしさんが現れて、「お前は面白いんや！　もっと自信を持ってやれや！　飲めっ！」って励ましてくれたんだ」

――ほんとかよ?!

「ほんとだよ」

――へぇ……。で、この番組がきっかけでいつの間にかプロってやつになったんだよな？

「うん。27歳の夏さ。オレの夢はただただ「風呂付きのアパートに住みたい」、それだけだった。その夢が叶ったんだよ。ゴキブリと共に暮らしてきた四畳半のアパートから、国立の小さな一軒家に住めるようになったんだ。トイレも洋式だ！　すげ〜だろ」

――すげえと思うよ。しかしお前の半生を全部聞くとなると結構長いな……。当時付き合ってた彼女の胸でよく泣いたそうじゃないか？

「ああ……泣いた。仕事はどんどん増えてゆくけれど、何をどうしたらいいのかさっぱり分からなかった。バラエティ番組とかすごく苦手だったし……自ら飛び込んだ「芸能界」はなんとも居心地が悪かった。やはりオレには向いてないと、確信した。変なキャラを作っているのが精一杯で、オレは1年で消えるって思ってたよ。昔から自分に自信なんて持てなかったし、基本は決して社交的じゃないしな。家にこもってるほうが好きだったし。母が亡くなった17歳の

なぁ

時は外を歩くのが怖くて、母のお化粧道具を借りて顔に化粧して電車に乗ったりしてたからな。自分じゃない！　自分じゃない！って言い聞かせて」

——お前の基本は根暗だもんな。

「売れることで周りが急に優しくなったのも怖かったよ。毎日が不安で、仕事を終えて帰ってくると彼女の胸で泣いた。でも彼女は「たけちゅうはだいじょうぶ、たけちゅうはだいじょうぶ」って何度も言ってくれた。あ、そうだ。彼女と2人で台風の日に拾った猫がいてな」

——それ長くなるな？　その話はしなくていい。でもあれだろ？　映画の世界からも声をかけてもらえたんだろ？　その世界はなかなか居心地がよかったそうじゃないか？

「そうなんだよ。映画の世界は芸能界というより、泥くさい感じでとても居心地がよかったんだ。肌合いっていうのかな」

——印象に残った監督とかそんな話をしてくれ。なるべく端的に。

「分かったよ……。映画は憧れの世界だった。森﨑東監督の『ロケーション』（1984年）という映画に呼ばれた。お笑いでデビューしたぼくは、どの現場に行っても面白いことをやってくれる人と思われていたからな。本番の時に笑ってもらえるようなことをやったんだ。すると森﨑監督が「余計な芝居をするな！　お前のままでやれ！」って。その言葉には感動して泣いてしまったよ」

——ん？　どういう意味だ??

「だから何もしなくていいってことだろ？　オレを信じてくれてるって感じだった。たかがお笑いで最近ちょっと注目されてるタレントに「お前のままでやれ！」と言ってくれたんだ」

――でもお前はあれだろ？　なんかこざかしいことやらないと気が済まない小さな人間でもあるよな？

「やかましい！　その時、近くにヒマワリ畑があってな。そこに入ってしばらく泣いたのを覚えてる。それから五社英雄監督の『薄化粧』（１９８５年）という作品で京都の大映撮影所に初めて行ったんだ。初めてなのになんだか懐かしい匂いがして落ち着いたのを覚えているよ。五社監督は怖い監督だと思っていた。そうしたらそんなことは全くなかった。本番の時、「本番よーい、よーい、よーい」ってなかなかスタートを言わないんだ。カットの時も「かーーーーと」って長いんだ。ぼくが緊張してＮＧばかり出しても「よーござんすよ、よーござんすよ、アニキさんのまんまでよーござんすよ」ってめちゃくちゃ優しいんだ。「アニキさんにはね、これから私の撮る映画には全部出てもらいますよ」って言ってくれた。『十手舞』（１９８６年）という映画でぼくは悪い同心の役だったんだ。監督に「ブルース・リーでやりたいです！」って言うと、「よーござんすよ、アニキさんのやりたいようにやってよーござんすよ」って。だからオレ「アタァー！　アタァー！」って必死でやったんだ。そんなことやらせてくれる監督がいるなんて信じられなかった。

ブルース・リーで思い出したけれど、蜷川幸雄さんと１本だけ舞台をやったことがあるんだ。ぼくが45歳の時。鶴屋南北の江戸時代の戯曲のまま『四谷怪談』（２００１年）を渋谷シアターコクーンでやったんだ。オレが田宮伊右衛門の役だぜ。蜷川さんは怖い演出家だって思われて

なぁ

るだろ？　ところが全く怖くなかったんだ。その時の立ち回りもブルース・リーでやりたいって言ったんだ。そしたら蜷川さん、笑顔で「いいよ、いいよ、竹中のやりたいようにやっていいよ」って言ってくれた」

――本当かよ？

「本当だよ。周防正行監督も優しかった。周防監督はぼくのことを嫌っていたんだ。監督の言うことを聞かない俳優だと思っていたそうだ。ところがそれは勝手な思い込みだったと後に語ってくれた。周防監督とはよく一緒に映画を観に行ったり、ご飯を食べながら小津安二郎監督の話で盛り上がったり、仲よくしていた時期があった。お互い傷の舐め合いみたいな感じの話にもなったな……。周防監督も「どうせオレなんて……」ってよく言ってた。「どうせぼくの映画なんて誰も観ませんよ」って、そんないじけたことを言う周防監督がぼくは好きだった。それと監督は猫背でね。2人で情けない話をよくしていたよ。好きな女の子とデートすると緊張して下痢になっちゃうお話とか。周防さんが草刈民代さんと結婚してから姿勢がよくなってしまったのがショックだったんだけれど、草刈さんと一緒じゃない時はやはり猫背だったので安心した。監督が言った言葉で印象に残っているのが『シコふんじゃった。』（1992年）の時。撮影時ぼくは34歳だった。ぼくが監督に「今の芝居、やりすぎじゃないですか？」と聞いたら監督なんて言ったと思う？」

――「もうちょっと抑えてくれ！」だろ？

「それが違うんだなぁ……。「竹中直人にやりすぎはない」と言ったのさ。それからね、『Sh

all we ダンス?』の時、初共演の役所広司を目のあたりにしたぼくは緊張しすぎてずっとNGを出しまくっていた。テイク18。普通ならみんないらいらするんだ。フィルム代も高いからね。すると監督、なんて言ったと思う?」

——「いい加減にしろ!」だろ?

「いや、違うんだよな。「竹中直人のためにフィルムがある」って言ったんだ」

——そんなぁ〜! ほんとかよ?!

「ああ、本当さ。最近、周防監督にそのことを伝えたら「え? そんなこと言ったっけ?」って覚えてなかったけどね」

——おい、そろそろお前の舞台の話も聞かせてくれよ。

「待ってくれ、石井隆監督の話も聞いてくれ」

——分かった、聞かせてくれ……。

「石井隆と初めて出会ったのは事務所のゴミ箱に捨てられた『ヌードの夜』というタイトルの台本だ。いいタイトルだなと思って拾い上げてページをめくると「監督・石井隆」とあった。「石井隆! これ誰に来た仕事なの?!」「竹中だよ。でもロマンポルノはやらないだろ?」「何言ってるの! やるよ! 断ったの?? そんなー! 復活させてくれ!!」。その日、青年座の事務所に寄っていなければ……ふと事務所のゴミ箱を見ていなければ、石井監督との出会いはなかった。人間の出会いの不思議さを感じる。出会った人はきっと、出会うべくして出会っているんだ。

そしてぼくは石井監督と初めてお会いした。石井隆の描く漫画の主人公にそっくりでゾクッとしたよ。石井監督は「プロデューサー全員の反対を押し切って竹中さんをキャスティングしたんです」と言った。石井隆はぼくを愛してくれたんだ」

――たけちゅうが主役の映画なんてあり得ないもんな……。

「うるせぇなあ、分かってるけどお前に言われると腹が立つ！　映画『ヌードの夜』（1988年）は日活最後のロマンポルノとしてタイトルが改題された。『天使のはらわた　赤い眩暈』（1988年）となな。撮影は1週間。石井監督は寝ない。みんなロケバスの中で仮眠して撮影するというハードな現場だった。でもハードであったからこそ、スタッフキャストが一丸となれたのかもしれない。今ではそんな撮影は許されないけど。石井監督をスタッフみんなが愛してることを感じた。監督も「どうせぼくの映画なんて誰も観ないです」ってよく言ってたな……。すぐいじけてしまうんだ。石井さんが必ず脚本に書くセリフがある。「ま、いいか……」。その言葉が石井隆の全てのように思えてならない……」

――岡本喜八監督はたけちゅうが子供の頃から観てた監督だろ？『日本のいちばん長い日』（1967年）に感動したんだよな？

「ああ、父に映画のパンフレットを買ってもらって、監督の写真を初めて見た時は全身黒ずくめ、怖い監督なんだろうなって思ってた。まさかその監督の作品に自分が出演するなんて……」

――『イースト・ミーツ・ウエスト』（1995年）って映画だな。お前の芝居ひどかったたな。

この作品でついにお前は、監督の言うことを聞かない俳優というレッテルを自ら貼ったようなもんだ。

「言ったな！　てめえ！　現場も見てねえくせに。喜八監督は終始現場でオレの芝居を見てうれしそうに笑ってくれてたんだぞ！」

——うそつけ！

「うそじゃないよ。監督の笑い声はな、泣き声みたいなんだよ。最初は泣いてるのかなってびっくりしたんだけど、それが笑い声だって気づいた時は、めちゃくちゃうれしかった」

——もっと聞いていたいんだけどな、人の命と一緒でページにも限りがある。ラストにお前の監督映画の話をさらっと聞かせてくれ。まずは『無能の人』（1991年）だ。

「元松竹のプロデューサー奥山和由さんに「そんなに映画が好きなら監督やってみろよ。一億出してやる」と言われたのがきっかけさ。「本当ですか?!　ぜひ監督をやりたいです」と、『無能の人』にたどり着いたんだ。ぼくはつげ義春の大ファンだったからな。真っ先にエンディングの画が浮かんだ。多摩川の河川敷、夕やみに消えていく家族3人の後ろ姿。この画に向かって映画を作っていったんだ。キャスティングも全て直感さ。奥さん役は風吹ジュンしか考えられなかった。風吹さんの声の音色。つげさんの世界に絶対合うと思ったんだ。ぼくは風吹さんに言った。「風吹さん、役づくりなんてしなくていいです。風吹さんのままでやってください」と。『無能の人』の撮影現場は多摩美時代に8ミリ映画を作っていた時と全く変わらなかったよ。毎日撮影現場に行くのが夢のようだったよ」

――お前、その頃、東京乾電池の岩松了と『竹中直人の会』という舞台も始めたよな。きっかけはなんだったんだ?

「乾電池のお芝居を観た時に、舞台に立つ俳優たちが前を向いて芝居をしてなかったんだ。登場人物がみんな後ろを向いて芝居をしているのさ。「すげ〜!!」って思ったんだ。普通、演劇は前を向いて「みんな私を見てー!」ってお芝居をするだろ? ぼくはそれがずっと恥ずかしかった。「何を信じて前を向いて芝居ができるんだ……」って。だから東京乾電池の芝居に感動したんだ。それで岩松さんにぼくの舞台の座付き作家になってほしいとお願いしたのさ」

――なるほどな。

「観客に向かっていないお芝居とでも言うのかな……。ただただ舞台上だけで物語が進行してゆく。人前で演じることが恥ずかしくない、と初めて思えたのさ。そして岩松さんの書く言葉にも惹かれたんだ」

――『連弾』(2001年)の天海祐希は最高だったな。出演者が歌う鼻歌もなかなか面白かったぞ。

「おっ、たまには褒めるか?! ちょっとしたミュージカルにしたかったんだよな。子役たちもオーデションで選んだ。特に声の聞き取りづらい子、前を向いてしゃべれない子を選んだよ。そういう子のほうが確実にいいお芝居をするんだ」

――忘れちゃいけない、『山形スクリーム』(2009年)! 劇評を見るとかなりボロクソ書かれてるけど、どうなんだいこの映画は??

「この映画は、プロデューサーから企画をいただいた。ぼくには絶対エンターテイメント映画は無理です！とお断りしたのに、やることになってしまったんだ。ほぼ2カ月間、山形でのロケ。毎日雨だったことを思い出す。スタッフ、出演者全員、全力でお芝居をしてくれた。夏の山の中での撮影だったから、夜になると照明のライトにたくさんの虫が集まってくるんだ。女子高生役のみんなはきゃーきゃー大騒ぎ。主演の成海璃子もまだ16歳。今では共にお酒を飲む友達さ。音楽は栗コーダーカルテットにお願いした。栗コーダーのメンバーはみんな音楽の生き字引。サウンド作りはかなり楽しかったぞ」

――それと『自縄自縛の私』（2013年）って映画も撮ってるな。これは奥山和由からの企画だったんだってな。

「企画をいただいた時はうれしかった。映画の神がどんどん自分から遠ざかっていく感覚があったからな」

――奇をてらわない、なかなか爽やかな映画になっていたと思うぞ。

「お！　ありがとよ。サントラは引き続き栗コーダーの生き字引、関島岳郎にお願いした」

――それからお前、山田孝之、斎藤工を巻き込んで映画を撮ったよな？

「ああ。漫画家大橋裕之の『ゾッキA』『ゾッキB』に感動したからな！　大橋さんの描く世界はどこか不条理で哀愁を感じた。つげ義春の世界に通じる何かがあった。しかし『ゾッキ』はショートストーリーだからオムニバス映画にしようと思ったんだ。その時、直感的に浮かんだのがその2人さ。そしてこの作品の音楽は絶対ＣＨＡＲＡしかいないと決めていた」

――へえ、なんで？

「直感だよ。ＣＨＡＲＡは最高のサントラを作ったぞ！」

――へえ、そうなんだ。あ、話は戻るけど『無能の人』の鳥男の神代辰巳監督もお前がキャスティングしたのか？

「そうだよ。神代監督しか考えられなかった。『東京日和』の映画音楽も大貫妙子さんしか考えられなかった」

――全て直感か？

「おおよ。『無能の人』のゴンチチもそうさ」

――何を偉そうに……。でもよ、直感は歳と共に鈍るだろ？

「……」

――え？　鈍るだろって聞いてんだよ。

「……」

――答えねぇのか……。『雫落』（２０２３年）はどうして映画にしようと思ったんだ？

「本屋さんの漫画コーナーで手にしたんだよ。まずタイトルに惹かれたのさ。「雫落」という漢字に。この文字が夜の歩道橋に縦書きで現れたら綺麗だな……と思った。そして浅野いにおさんの描く『雫落』の空気感を絶対に映画にしたかった。その頃、ドラマで一緒だったＭＥＧＵＭＩにその話をしたら「ぜひプロデューサーをやらせてほしい」と言ってくれた。後にＭＥＧＵＭＩは「飲んだ勢いで言っちゃった……」って言っていたけどな」

――なるほどね。斎藤工のキャスティングは？

「工にこの話をしたら「読んでます！　大好きな漫画です！」って言うじゃないか！「だったら工、ぜひ主人公をやってくれ！」ってお願いしたんだ」

――ドレスコーズの音楽もよかったぞ。それも、たけちゅうたっての願いと聞いた。気付くと漫画の原作が多いな。

「ああ、子供の頃は漫画家に憧れていたからな」

――なるほどな。

「前向きじゃない主人公にはずっと憧れる。『無能の人』、『零落』、どちらもただただ原作者に向かって作った、原作者へのラブレターさ」

――なるへそ。しかしもう監督はやめたほうがいいと思うな。

「え？　なんで？」

――才能ないんだし、好きなだけじゃダメだと思う。

「お前……なんてことを……」

――いや、でも少しだけお前のことが分かったような気がするよ。

「いやいや、別にお前に分かってもらおうなんて思ってねーよ。……お笑いでデビューした時、新宿のシアターアプルで初めてコンサートをやったんだ。『ストレンジャーズ・イン・ザ・ナオト』と題して。演出はあの高平哲郎さんさ。そしてゲストが原田芳雄、松田優作！　大いに盛り上がった。その翌年にも人生２回目のコンサートをやったんだ。なんとあの桑原茂一プロ

なぁ

デュースによるアルバム『かわったかたちのいし』の発売記念コンサートだった。

当日、外にはすごい行列！　リハーサルはしっかりやったけれど、なんだかめちゃくちゃ緊張したんだ。そして本番が始まった。舞台袖からステージへと向かった。すげ～拍手だ。目の前はなんと満席！　そして立ち見まで！　みんな期待のエネルギーでぼくを見ている！　と思ったら！　1曲目から歌詞が出てこない！　前奏は始まったのに全く歌詞が出てこない！　ダメだダメだダメだ！　期待のエネルギーが客席から迫ってくる！　しかし全く歌詞が出てこない！　でも何かを発しないといけないから「ふうちいかんぶー♪　ちんかーしらいぶーちーかー♪」と浮かんだ音を声に出して、ただただ必死に間を繋いだんだ。すると観客はそれをギャグだと思ってゲラゲラ笑い始めた。違う！　違う！　これはギャグじゃない、違うんだ！と思いながらも最後まで「ぱーしんくうーいーちゃん♪　ぴーつえきっしんだーこるてーらいっぴー♪」と歌った。すると客席からは拍手！　そしてそのまま2曲目へ……。

オレは完璧に追い込まれていた。無理だ、絶望だ……！　再び演奏が始まった。いくら頭を巡らせてもまたもや歌詞が出てこない……。適当に歌う勇気もない。頭は石のようにかたまり身体はガチガチになってしまった。「竹中直人！　今度はどんな面白いものを見せてくれるのか」と期待に胸を膨らませていた観客たちが、とうとうぼくの状態を確実に察し、一斉に、見事に一斉にずわぁーー!!と引いていくのが分かった！　終わった。全てが終わった……。ひとりぼくは泣き崩れた」

――いいじゃねえか、いいじゃねえか。それが竹中直人だ！　間違いなく竹中直人だ！

人生は最後まで矛盾とのたたかいさ

おたまちゃん

ぼくが大切にしてきたのは何かな……。出会った人の温度……かな。

ぼくの時代はダウン症の子供も同じ教室にいた。ぼくはその娘《こ》を「おたまちゃん」って呼んでいた。おたまちゃんは気ままだった。授業中でも平気で教室を出ていった。先生はそれを止めたりしない。窓の外を見るとおたまちゃんがグラウンドを走ってる。おたまちゃんの後ろには、小さな土煙りが上がってる。

夏休みに入る前の土曜日のグラウンド。おたまちゃんと2人で遊んでいた。おたまちゃんが「肋木《ろくぼく》に登って」と言った。ぼくは肋木のてっぺんまで登って、すっとバランスをとり立ち上がった。下を見ると、おたまちゃんが手を振ってる。ぼくも振り返した。空を見上げると入道雲がゆっくりと動いている。ぼくはそのまま気を失って落っこちた。

目をさますと目の前におたまちゃんがいた。ぼくは保健室のベッドで寝ていた。どこにも怪我はなかったようだ。肋木から落ちたことをおたまちゃんが先生に言ったとは思えない。怪我もなかったから大丈夫だったんだ。でもあの肋木は3メートルはあったんじゃないかな……。

おたまちゃんとぼくは保健室を出た。そしてそのまま、おたまちゃんの家に遊びに行った。おたまちゃんの家は海に近い木造アパートの2階だった。日当たりは悪く、暗かったけれど居心地はよかった。昔の人の写真が貼ってあって、それが怖かった。ボクシングの格好をした男の人の写真もあった。「これ誰?」と聞くと、「おとうさん」と言っていた。それから電球のところに蠅取り紙が吊されていて、そこに蠅がたくさんついていた。「きもちわるー」っておたまちゃんと叫んだ。

「きもちわるー」って言ってる、うれしそうなおたまちゃんの顔……。グラウンドを走ってるおたまちゃんの土煙り。「肋木登って」って言ってるおたまちゃんの声。

そんなおたまちゃんの残像がぼくのこころの一部になっている。

母

ぼくがまだ小学5年生の時。同じクラスの鈴木裕子さんからクリスマス会の誘いを受けた。そんな誘いを受けたことがなかったぼくはとてもうれしかった。「クリスマス会の当日はみんなでプレゼント交換をするので、それぞれプレゼントをよろしくお願いいたします。ひとり300円から500円くらいの予算でお願いします」とのことだった。ぼくは何をプレゼントしていいか全く分からなかった。そして母に相談した。すると母は「まかせて」と言ってくれた。

そしてクリスマス会当日。母がプレゼントに選んでくれたのは、なんと赤チンと包帯、そしてオロナイン軟膏だった。ぼくはびっくりして「え?! これがプレゼント?」と言った。すると母は「こういうものはどこの家庭にいくつあっても困らないものだから」、そう言いながら高島屋の包装紙に赤チン、包帯、オロナイン軟膏を丁寧に包んでいる。

「直人、どのリボンがよい?」

母はリボンも用意してくれていた。ぼくは涙が止まらなくなった。

「行けないよ! こんなんじゃ! こんなのプレゼントじゃないよ!」

その日ぼくはクリスマス会に行かなかった。

その翌日、区役所勤めから帰った母がぼくに言った。

「直人、昨日はごめんね。職場の友達に話したら、それは直人ちゃんが可哀想だってみんなに言われちゃった。直人、本当にごめんね……」

母はそう言って泣いた。ぼくも悲しくて母と一緒に泣いた。クリスマスになると思い出す。

こんなこともあった。ぼくが中学生の時だ。修学旅行から帰ってくると、母がぼくの旅行バッグを開けて、「なんだ……気がつかなかったんだ……」と言った。

「え？　何？」

母はぼくに封筒を差し出した。中には一枚の千円札と手紙が入っていた。

「直人へ。困った時に使ってください」

「気づかないよ……。だってそんなとこ開けないし……」

それは旅行バッグのふたの裏側に付いている小さなチャックの中に入っていたのだ。


母は着物が大好きだった。いつも職場に行く時は着物を着て出かけた。帯を締める時の衣擦《きぬず》れの音が心地よかった。ぼくが中学3年生の時、母は結核と診断されて長浜療養所に入院した。母の病棟は長い長い廊下の一番奥にあって5人の相部屋だった。ぼくが行くと結核が感染《うつ》るから来るなと言う。病室から出るとぼくが廊下の角を曲がるまで母はずっと手を振って見ていた。

ぼくは帰り道、お母さんが可哀想で泣いた。バスで隣にいるおばさんが「大丈夫？」と声をかけてくれた。

病院に行くと苦しくなる。お母さんも「来るな」と言う。だからぼくはしばらく病院には行かなかった。ぼくにうるさく言う人が家にいないのはなんだか自由になったようでうれしかった。だから髪も伸ばしてパーマもかけた。母が死ぬなんて思ってもいなかった。

でも母はぼくが17歳の時、突然この世を去った。今から51年も前の2月27日。退院して、家で寝たきりだった母はその日、何度も何度もぼくの名前を呼んだ。母はトイレで倒れた。父とすぐに母を支えた。母の目から涙がつたうのが見えた。母が瞬《まばた》きをしない。

「お父さん、瞬きをしないよ……。ママが瞬きをしないよ……」

それがとても怖かった。父はいまだに母がトイレで倒れて亡くなったことを認めない。それは「直人の思い違いだ」と言う。


土曜日は母が職場から早く帰ってくる日。小学生のぼくはそれがうれしくてバス停でよく母の帰りを待った。あっバスだ！　1台目のバスが来る。母は乗っていなかった。またしばらく待つ。2台目のバスがやってくる。中に母の姿が見える。バスが停車して青い着物の母が降りてくる。

「お帰り！」

ぼくは家に続く道を走った。振り返ると母がゆっくり歩いている。ぼくは母をおどかそうと家に続く路地の角に隠れた。笑いそうになるのを手のひらでおさえて我慢する。あっ、母が来た！

「わぁー‼」

ぼくは一気に飛び出した。するとそこに立っていたのは知らない人だった！　えっ⁈　母の前には誰も歩いていなかったはずなのに……。ぼくは走って逃げた。しばらくして振り向くと母の姿が見えた。

「ママ！」

そう呼んで家の玄関へと走った。

これ私、26歳

ぼくは風を切っていた。遠く歓声が聞こえる。ぼくは走っている。ふと両サイドを見ると誰もいない。あれ……???　目の前にはゴールのテープが……。

「え?!　ぼくがいちばん?!　あり得ない！　絶対にあり得ない！　はずかしすぎる！」

ぼくは逆走した。父のいる場所へ……。小学校の運動会の思い出。100メートル走だ。

父はぼくの横で焼酎を飲みながら言った。

「直人はオレのところに走ってきたんだよな」

1番になるなんてあまりにも恥ずかしいことだった。父が縁側で美味しそうにタバコを吸っている。雨に濡れた新緑の匂いが気持ちよい。父がタバコの煙で輪っかを作ってくれた。いくつもの輪が口から飛び出す。ぼくはそれに指を入れようと必死でひと差し指を差し出す。父の吸う缶ピースの匂いが好きだった。

父が釣りに目覚めた。釣りの道具を一式揃えて父はぼくを誘う。

「直人、釣りにゆこう」

ぼくは魚の餌のゴカイが気持ち悪くてさわれなかった。父が代わりにつけてくれる。長い長い防波堤の先端に行って父が釣竿の糸を飛ばす。シュルシュルシュルシュル……。雲がゆっくり動いている。遠くからニィニィ蟬の声が聞こえる。

ぼくはトイレに行きたくなった。「そこでしちゃえよ」と父が言う。目の前に大きな海が広がっている。しかし、そこでのおしっこはぼくにはできなかった。

「ちょっとあっちのほうでしてくる」

ぼくは防波堤を後にした。近くにある長昌寺というお寺でおしっこを済ませた。初夏の匂いが気持ちいい。

防波堤に戻ると……父がいない。釣竿と青いクーラーボックスだけが置いてある。静かな海風とニィニィ蟬の声。ぼくは焦った。ものすごく焦った。父が海に落ちたのではないか……！

父を探した。ドキドキした。

「パパ！　パパ！」

ふと防波堤の下を見ると、大きな大きなテトラポットがいくつも積み重なっていて、その隙間に父がいた。父はそこで大便をしていた。ぼくはホッとした……。

父が95歳を迎えるひと月前の暑い暑い8月。「直人、入院をしたい」と連絡があった。父は横浜の実家でずっとひとりで暮らしていた。認知症になることもなく、介護もなく。ぼくが

「一緒に暮らそう」と提案しても「いや、全部ひとりでできるから大丈夫」と決して実家を離れようとしなかった。長年暮らした金沢区富岡の町から父は離れたくなかったのだろう。

そして8月、父は94年の人生で初めての入院をした。とうとう来たか……。ぼくは覚悟をした。父が退院したら父の介護が始まるのだろうと。9月2日は父の誕生日。その日だけいったん病院から戻り、実家で父の誕生日を祝った。「やっぱり家は安心する……」と父は言っていたけれど、また病院に戻らなくてはならなくなった。父はしっかり遺言を残して病院に戻った。

それからぼくはほぼ毎日、父のお見舞いに行った。毎日父に会うなんて子供の頃以来だった。最初に父はお金がかかるからと相部屋を望み、5人部屋に入っていた。ぼくはびっくりした。相部屋の人のうめき声がすごかったから。母はぼくが中3の時に結核と診断され、長浜療養所という隔離病棟に入れられた。当時、結核はうつるとされていたからだ。その時の母の病棟も5人部屋だった。同部屋の人の唸り声が子供ながらにつらかった。だからぼくは父の部屋を個室にと変えてもらった。個室にはトイレも付いていた。父はかすれた声で「個室はごくらくだ」と言っていた。ぼくは子供の頃から父とそんなに話したことがない。母ともそうだったけれど家族というのは照れくさいとぼくは思っていたから。でも父も母もそう思ってたんじゃないのだろうか……。分からないけれど。

父は余命を宣告されていた。ぼくも覚悟はしていた。

「持ってもあと4、5日ですね」

先生はそう言っていた。でも父はその4、5日を超えた。

「直人、揉んでくれ」

その言葉にぼくは父の手、足、腰、頭を揉んだ。すると父はしみじみとした声で「あ～気持ちいい……」と言った。お見舞いに行くたび父の身体に触れた。こんなに父の身体に触れたことがあっただろうか。父の手、足、頭、腰……。今まで感じたことのない思いが込み上げてくる。父が自分だった。父の身体の全てが自分だった。頭も手も全てが……。

死ぬ3日前、父が「直人、歌ってくれ……」と言った。「分かった。なんの歌がいい？」と父に聞いた。でも父は「歌ってくれ」としか言わない。だからぼくは、父が昔聴いていたような歌を頭の中で探して歌ってみた。裕次郎の「二人の世界」。それを歌うと父は「違う」と言う。「銀座の恋の物語」。でも違った。森繁久彌の「知床旅情」、「ゴンドラの唄」。でも父は「その歌じゃない」と言った。

あっ！　間違いなくこれだという歌が浮かんだ。母も歌っていた歌だ。西田佐知子の「アカシアの雨がやむとき」……。「違う」、父が言った。あっ！　「さよならと書いた手紙～♪」。やはり違った。

そして「あなたはもう忘れたかしら～♪」、すると父が大きく頷いた。え？　これ？　え？この歌なの？　やはりヒット曲はすごい。ちゃんと歌詞も覚えていて、最後まで歌えた。父は泣いた。

「直人、これはな、直人のお母さん芳枝と一緒に暮らし始めた時の歌なんだ」

父の時代の歌ではなかった。父が昔を思い出した歌だったんだ……。そっか……「神田川」

だったのか……。

父がなつかしく思える写真を病室に持っていこうと思い立ち、実家に写真を探しに行った。秋に入り、日が短くなった頃だった。夕方、誰もいない実家。玄関の戸を開けるともう真っ暗……。怖かった……。昔の家だから電気をつけても薄暗い。ミシッって音が突然聞こえたり……。誰もいない古びた実家の夜はあまりにも怖すぎた。67歳にもなって「怖いよ～」と声を出しながら父の思い出の写真を探した。探してる後ろから「直人、見つかったか？」と父がいたらどうしようとか、母が寝ていた部屋の戸が開いて、亡くなった母がいきなり出てきたらどうしようとか……そんな想像をしていたらもう怖くて怖くて……。そんななかで、これだという写真を見つけて逃げるように古びた実家を飛び出した。そして父にその写真を持っていったのだ。

写真の裏には「妻、芳枝と結婚した時に撮った写真である。1954年10月28日」、日付まで書いてあった。病室のドアを開けるなり「お父さん、こんな写真を見つけたよ」と差し出した。すると父はびっくりして「直人、やめてくれ。切なくなるじゃないかぁ」とむせび泣いた。

そこに若い看護師さんが入ってきた。すると父はその看護師さんに「これ私、26歳」、とその写真を差し出した。

父の遺言に従って父の骨は横浜の海に散骨した。

これ私、26歳

1等賞なんてきらいだ

子供の頃から「1等賞」とか「1番になる」という言葉が嫌いだった。そう思う精神さえもぼくにはなかった。運動会の徒競走はもちろん、1番の子と2番目の子にみんなが注目して応援する。ビリの子、ビリっけつの子は誰も見ない。見ているのはその子の家族だけだ。「頑張れ、頑張れ」、ひと家族だけ、みんなとは違う方向を見ている。ビリっけつのやつはもちろん、足の遅いやつだ。弱者に味方するとかそういうのではないけれど、ぼくはビリのやつを見てしまう。どんな気持ちで走っているんだろう？　自分はビリだって気づいてるよな。でも走るのをやめるわけにもいかない。もう無理して走らなくても、ビリはビリだし誰も見てないし。「お前ビリ！　すごいよ！　ビリ最高！」なんて褒めてくれる人なんて絶対いないし。でも走るのを放棄したら逆に目立つし。とにかく走ろう。ビリでもゴールに辿りついたらみんなが「よく頑張った！　頑張った」って拍手したりするよな……ビリなのに。恥ずかしいな、拍手されたりしたら……。だってビリじゃん。最後尾を走っている子はいつもどんなことを思いながら走っているのだろう……。1等賞なんてきらいだ。

自己満って言葉、ぼくは好きだ。
理解者は自分だけ。
なんとも孤独でめっさよい感じじゃねぇか！

てぇしゃつ

ぼくが高校1年生の時にテイシャツが流行りだした。それまでテイシャツの存在なんて誰も知らなかった。

白い夏服のシャツの襟元からのぞく白いテイシャツ。首元がしまって見える。かっこいい！みんながそのテイシャツがどこに売っているのか、お店を探した。

なかには「てえしゃつ」って言ってるやつもいた。ぼくたちの時代は「ディズニー」も「デズニー」って言ってたし。「007」も「ぜろぜろなな」って言っていた。そう！とにかくB.V.D.のテイシャツをみんなが探した。今みたいに情報が氾濫してないからどこで売ってるかなんてなかなか分からなかった。

ある日のこと……。同級生の小沢義郎がネックの部分がずいぶん細いテイシャツを着ていた。それは見たことのないテイシャツだった。当時は太い幅のテイシャツが主流だった。だからぼくはびっくりして小沢に言った。

「小沢、そのテイシャツ珍しいね。首のところが細いの初めて見た」

すると小沢は「いや、いや、違うんだよ」と言って、行ってしまった。

何が違うんだろ……とぼくは思った。そして去っていく小沢の後ろ姿を見ると……。なんと！　背中の首にVが透けている！　うわぁ！　小沢のやつ！　Vネックの下着を後ろ前に着て、テイシャツのように見せかけていたのか!!!　小沢のやつ工夫したな……。しかし背中には意識がいかなかったんだな……。眉毛が濃くてエクボができて、千葉真一好きだった小沢。今も元気にしているだろうか。いつか直接このことを話せたらいいな。「なぁ小沢、覚えてる？」って。

馴染むまで

ぼくが初めてパーマをかけたのは高校1年生の時。ちょうどフォークソングが流行りだした頃。誰もがみんな長髪だった。

ぼくは大好きだった古井戸の加奈崎芳太郎さんみたいな髪型にするために髪を伸ばしていた。加奈崎さんのような野生的なライオンヘアにしてもらうために髪が肩を越すまで伸ばし続けたのだ。そして、同級生の山田のお母さん山田スエ子さんがやっている山田美容室へと向かった。『新譜ジャーナル』（当時の音楽雑誌）から切り抜いた加奈崎さんの写真をカバンから取り出して山田のお母さんに見せた。

「はい。かっこよくしなきゃね」

そう言うと、スエ子さんはまずぼくの髪に優しく触れた。うわぁ〜、初めてのパーマ、どんな感じになるんだろう……。

するとスエ子さんはすぐにパーマをかけずにぼくの髪を切りだした。パーマをかけるために髪を肩まで伸ばしたのに髪を切るの？　ぼくは不安になった。鏡に映る自分の顔も露骨な不安顔になっていた。でも口には出せなかった。そしてカーラーを巻かれていった……。中学生の頃、お母さんを美容室まで迎えに行ったことがある。その時にお母さんがかぶっていた大きなヘルメットみたいなものをかぶった。ずっと入院しているお母さんを思った。パーマをかけたぼくを見たらお母さんは絶対怒るだろうな。入院していてよかった……。

パーマっていったいどんな感じに仕上がるのか。ちゃんと古井戸の加奈崎さんみたいなライオンヘアになるのか……。とても心配になってきた。

しかし心配してももう遅いのだ。そして、全てが終わった。山田のお母さんが言った。

「はい。お疲れ様でした。どうかしら？」

鏡に映った自分の顔。まるで別人だ!!!

「違う！　見せた写真とあまりにも違う!!」

もちろん口には出していない。でも心の中はのたうち回るほどの絶望感に包まれていた！

今後どうやって高校生活を送っていったらいいのか。もう泣きそうだ！　ぼくは叫んだ！

「おい！　全然違うじゃねーか！　想像していたのと違うじゃないか！　スエ子！　てめぇ！

ふざけんなスエ子！」

もちろんそんなこと言えるわけがない。

「はい。お疲れ様」

山田のお母さんは言った。

「馴染むまで少し時間がかかるかな」

え?! 馴染む?! ふざけんな台無しだ、もう終わりだ……。

「フォークソング、やってるのね。頑張ってね」

「あっ、どーも」

ぼくは山田美容室を後にした。歩けないよ、この頭じゃ、どうしたらいい、家にすぐに帰りたいよ、電車に乗りたくないよ。どんどん猫背になってどんどんぼくの足は早くなる。学生のかたまりを見つけると避けるように駆け抜ける。ぼくの頭は、髪は、どう表現したらいいか……。頭の上部分は大仏様のような小さなクルクルのパンチパーマ。おでこは全部丸見えだ。両サイドの髪はワカメのようにふにゃふにゃ。まるでクラゲみたいな頭にされてしまったのだ!

電車に乗りたくない。でも乗らないと帰れない……。京浜急行金沢八景の駅改札を急ぎ足で走り抜ける。でも電車に乗ったら急ぎ足もできない。止まっていなければならない。どうしたらいいんだ……。どうしようもない……。電車のドアにうずくまるようにもたれた。……聞こえる。小さな声だけれど、間違いなく聞こえてくる。あっちからも、こっちからも……。

「見ろよ、あいつの頭……」

「ほんとだ、すげー」

「おい、あいつの髪型すげーぞ」

「あっ、ほんとうだ……」

ぼくは数カ月先を必死に思った。山田のお母さんが言った「馴染むまで……」を……。

ぼくの好きな国分寺

これはぼくが映画『無能の人』を撮り終えた後、まだ35歳の時に角川書店の方にすすめられて書いた初エッセイ本『少々おむづかりのご様子』（角川書店）からの文章だ。当時、思い切って編集部の人に「文章を書くために山の上ホテルに缶詰になりたいんですが？」と言うと、「いいですよ！」と一部屋取ってくれたのだ（そんな時代があったなんて）。ぼくはたくさんの四百字詰め原稿用紙と鉛筆を持って、憧れの山の上ホテルに1週間、缶詰となった。その頃ぼくが文章を書く時は、原稿用紙とHBの鉛筆が必須だった。

山の上ホテルは、多くの文豪がこよなく愛し、缶詰になって原稿を書き上げたお茶の水にあるホテルだ。創業当時、作家の脱稿を待って多くの編集者が1階ロビーに溢れていたそうだ。川端康成、松本清張、池波正太郎、三島由紀夫……。客室は35部屋しかない。モーツァルトの部屋なんてのもあるのだ。部屋に入るとなんとも言えない空気に包まれる。多くの作家たちの

念が残っているのだろう。山の上ホテルの空間だけ時が止まったような感じさ。部屋にいる間だけ現世にいない、そんなムードなんだ。机と椅子のバランスがとてもよくて、原稿用紙に向き合うとすらすら文章が浮かんできた。

そんななかで書いた拙《つたな》い作文さ。多摩美時代、そして劇団青年座の研究生だった頃に8年間住んだ国分寺の街。今読み返すとあまりに恥ずかしい、ひどい文章で……少々加筆、修正をしたよ。なるべく30代だった頃の自分に近づきながら……。では、始まり始まり……。

多摩美時代に住んでいた国分寺という街はとても好きな街だった。国分寺駅南口を降りて信号を渡り、左に折れると「民主書房」という本屋さんがある。夢中で立ち読みしていると「持っていっていいよ」と言ってくれる本屋さん。もちろん後払いでちゃんと払うんだけれどね。そして、その坂を下りてしばらく行くとツケで何杯もコーヒーを飲ませてくれる美大生のたまり場「寺珈屋」。そして、お金がない時は（いつもお金はなかった）800円するカレーを200円、ある時は300円にしてくれる「カレーと民芸の店グルマン」。ぼくがまだ劇団の研究生だった頃、テレビ局に売り込み活動をしていたぼくに「出世払いだ」と言って衣装を貸してくれた「古着屋」、そして「ピンクフラミンゴ」。肩を落として店の前を歩いていると、「たけちゅー、メシ食べてないんじゃないの？」と言って料理を作ってくれる定食屋の「スズカ」。そして、中山ラビさんがママだったちょっとディープなお店「ほんやら洞」。多摩美時代付き合っていた彼女が教えてくれた、めちゃくちゃ雰囲気のある名曲喫茶「でんえん」。国分寺にはそんなお店がいっぱいあった。

多摩美に受かったぼくは、忌野清志郎が国立に住んでいると知り、住みたいと思ったけれど思った以上に家賃が高く、父が見つけてくれた国分寺市東元町にある平屋のアパート「楓荘」に住むことになった。古びた駅舎、国分寺での小さな物語。その頃ぼくはある女性に恋をしていた（いつも恋はしていたのだけれどね）。夕立と共に去った夏の恋……。

多摩美時代のぼくは、素人のモノマネ番組でごくごく一部の人間には名を知られていた。『ぎんざNOW！』『とびだせものまね大作戦』『TVジョッキー』などに出演。松田優作やブルース・リー、丹波哲郎、石立鉄男のマネをしていたのはぼくが最初であっただろう。出演のたびにもらえる時計などの賞品を売って、生活費を作っていたこともあった。

そんなある日、ぼくはある制作会社の人に声をかけられ、テレビの企画用パイロット番組に出演することになった。内容は今では忘れてしまったけれどロケットのセットが組まれていて、何か変なことをやったってのはおぼえている。でもそんなことはどうでもいいのだ。ぼくはその番組で共演した女性と帰りの電車で一緒になった。短い時間だったけれど、とても話が合った。その人の名は豊原潤子。ぼくは言った。

「どちらにお住まいなんですか？」

「新宿です」

「うわっ都会ですね。ぼくは国分寺なんですが、なかなかいいところですよ」

「へぇ、行ってみたいな」

「中央線、乗ったことありますか？」

「ないんですよ」

「あ、そうですか。いいですよ、オレンジ色の電車。特にぼくは三鷹から武蔵境、東小金井、武蔵小金井、国分寺と中央線の窓から流れる景色を眺めるのが好きなんです。武蔵野って感じがして」

「いいですねえ。うちの弟は竹中さんの大ファンなんです。竹中さんのマネの松田優作のマネをするんですよ。だから今日、ご一緒にお仕事ができるのをとても楽しみにしていたんです」

「そんな……ぼくなんかただの素人ですよ。あ、そうだ、今度国分寺に弟さんと一緒に遊びにきませんか？　ごちそうします！　なじみの店がいっぱいあるんです。国分寺には「夜ふかし通り」というのがあって、そこにカレー屋さんやコーヒー屋さんや古着屋さん、いろんなお店がたくさん並んでるんです。とても面白い街です！　ぜひ一度遊びに来てください」

「ぜひ行きたいです」

　電車の中でそんな会話をした。豊原さんのあの髪のニオイはいまだにおぼえている。そしてぼくは勝手にこの人と恋に落ちると確信したのだ。よし、彼女が国分寺に遊びに来るためには、郵便番号を聞きださなきゃいけないぞ！　いや、電話番号だ！　あ、なんかドキドキしてきちゃった。なんて思っていたら、豊原さんが小さなメモ用紙に電話番号を書いて渡してくれるではないか！　そ、そんなー！　できすぎている。しかし、残念なことに、ぼくの家には電話はなかった。もちろん風呂もない。トイレは汲み取りだ！　家賃、1万2千円の四畳半！　そんな時代だった。

話を戻そう。そう、ぼくの家には電話がなかった。そこで、ぼくは行きつけの店「カレーと民芸の店グルマン」の電話番号を教えた。「もし今度遊びに来ることがあれば、ここに電話してください」と。そしてぼくは、彼女が電話番号を書いてくれた小さなメモ用紙をしっかりとにぎりしめた。

それからというもの、電話ボックスがどれだけぼくの心を興奮させたか。電話ボックス……。ぼくの家から歩いて3分の距離に小さな神社がある。そこに大きなイチョウの木があって、その下にひっそりと立つ電話ボックス。ぼくにとってはそこがとてもロマンチックな場所だった。100円玉をいっぱい10円玉にくずして、その電話ボックスで何度恋した女たちと話したことか……。「あ、もう10円がない！」「あっ、切れちゃう！」。そう思った時のつらさたるや、指先がチクチク痛いなんてもんじゃなかった。ツー、ツー、ツー。しかし、今の学生はお金があるし、家に電話がねぇなんてこともねぇだろうしなぁ……。

豊原さんの話に戻そう。失恋が続く自分にぼくはこう言いきかせた。今回はもう期待をするな、慎重にいけ、自分から電話などしてはダメだ。とにかく相手から電話があるまでは待つんだ。そしてお前は、好きな人ができるとすぐ人に言うクセがあるだろ、そのクセをなくせ、と。

そしてある日、「グルマン」で200円カレーをガツガツ食べていると、そこにけたたましい電話のベルがっ！　ジリリリリーン！　クワッ！　ま、まさかな……なんて思っていると、「タケチュー、でんわ！」とマスターの堺井さんが言うではないか！

「え！　だ、誰?!」

私は思わず問うた。

「トヨハラさんって女の人」とマスターが軽く言った。

「あ、そう」

ぼくも平静を装って、ちょっとよそゆきの二枚目の声に切り換え、受話器を取った。

「はい、もしもし」

「あ、竹中さんですか。先日はどうも楽しい時間をありがとうございました」

「いえ、そんな、元気ですか？」

「ええ」

「あ、そうですか……」

少し間が空く。いかん、何かしゃべらなくてはと思いながらチラッとマスターを見ると、なんともいやらしい目でぼくのことを見ている。「なんだ、その目は?!」と思いながらもぼくは、

「あ、今忙しいんですか?」と彼女に問うた。

「いえ、全然」

「あ、そうですか」

ぼくは店内のカレンダーに目をやった。そして、「あの、今度の日曜日に、国分寺に来ませんか？　サービスしますよ」と明るい声で言った。し、しまった！「サービスしますよ」ってこたあない。言うんだったら普通「ごちそうします」だろ？　そう思ったことをそのまま言葉

にして彼女に返した。笑っている。電話口で彼女が笑っている。ぼくの胸は高鳴り「いったい何を言ってんでしょうね、あたしは」などと言いながら、ニヤけた顔をマスターのほうに向けた。するとマスターまでもがニヤけた顔でお皿を拭き、ニヤニヤぼくを見ている。2人そろってニヤニヤニヤニヤ。すると「ぜひ遊びに行きたいです」と彼女の声！　彼女は心よくぼくの誘いを受けてくれたのだ。「では今度の日曜日、新宿駅の東口で午前11時30分に待ち合わせしましょう！」と言うと、彼女は「楽しみにしています」と言ってくれた。

「楽しみにしています」、その言葉がいつまでもぼくの耳に残った。電話を切ったぼくは、フーッとため息をつき椅子に座った。そしてタバコに火をつけ、マスターの堺井しげるを見た。すると、しげるはすべてを分かっているかのようにニヤつき、そして軽く首を振りながら「なにさ？」と言ったのだ。今度の恋は誰にも言うまい、自分の心の中にそっとあたためながら築いていこう。そう思っていたのに、マスターのニヤつく顔を見たらつい「堺井さん、実は聞いてほしいんです……」と、今また新たな恋の予感を語ってしまったのだ。

興奮してしまったぼくは、そのまま夕暮れの国分寺の街へ飛び出し、「寺珈屋」のマスターや「民主書房」のおじさん、「スズカ」のマスター、「古着屋」や「ピンクフラミンゴ」の姉貴らに「聞いて聞いて！　今度の日曜日、今、すごく恋の予感を感じている女の子を連れてくるから、楽しみにしてて！」と言いふらしてしまった。「そうか、それはよかったな」「よかったなあ」「今度こそうまくいくといいね」と、みんなニコニコしながら言ってくれた。特に「寺珈屋」には美大の連中が集まっていて、「たけちゅー、今度の恋はうまくいくことを期待する」「とにかくどんな女性なのか早く見たい」「日曜日の何時に来るのか？」「必ずその時間にはスケジュールを空けておく」と、みんなが盛り上がった。

そして、ぼくは四畳半1万2千円の楓荘アパートへと帰り、のたうちまわった。部屋で布団にくるまりのたうちまわった。同居するゴキブリたちもカサカサ音を立てて囃し立てた。ああダメだ、このままじゃ眠れない。時計は12時を指そうとしている。豊原さんに対する思いを誰かにもう一度ぶつけないと眠れない。ぼくは着替えのパンツと歯ブラシを持って国分寺駅へと向かった。最終電車に乗り、一路八王子へ。友人の宮沢章夫宅へと向かった。

　路地を曲がって街灯の続く一本道の角に宮沢のアパートがある。「宮沢いてくれよ。起きててくれよ」とつぶやきながら歩いた。宮沢の部屋の明かりが煌々《こうこう》と光っている。「よし、宮沢いるな。よしよし！」と、ぼくはドアをノックした。

「はあい」と宮沢の声がする。ぼくはドアを開けるなり言った。

「宮沢、好きな人ができた！」

　毎度のことなので宮沢も動じることなく、「お、そうか」と平然と答える。

「おお、今度こそうまくいきそうだ。入っていいか？」

「ああ、終電で来たのか？」

「おお、コーヒーでもいれてくれ」

「ずーずーしい奴だな、こんな夜遅く来て」

「やかましい、いいから冷たいコーヒーでもいれてくれ」

「そんなものはない！　あったかいコーヒーなら作れるが、アイスコーヒーなんて手間がかかる。それにこんな夜遅くテメェが好きな人ができたかなんだか知らんが、ジュースとかお菓子とか買ってくるべきだろ」

「やかましい！　そんな金はない。宮沢、聞いてくれ」

「とりあえずコーラでいいか？」

「しょうがない。コーラを飲むとしゃっくりと涙が出るが、我慢しておこう」

「きさま、ずーずーしいぞ！　何様だ?!」

「お互い様！」

「お、そう返すか」

「宮沢、もう1回、「何様だ?!」って言ってくれ」

「何様だ?!」

「あからさまぁ〜」

　ワハハハハハハハハハハ……。


　ここで、宮沢章夫という男に触れておかねばならないだろう。彼は大学時代からの友人だ。何を隠そう、第37回岸田戯曲賞を受賞した劇作家である。そして、「ラジカル・ガジベリビンバ・システム」（中村ゆうじ、いとうせいこう、シティボーイズ、竹中直人らによるユニット）の産みの親でもある。長い付き合いの男だ。ぼくと彼との出会いはこんな感じだった……。

昭和51年春、ぼくは多摩美のグラフィックデザイン科に入学した。ある日のこと。文化クラブの主催する新入生歓迎会が大学の講堂で行われた。文連部長を務めていた宮沢が壇上に上がり、最初の挨拶をした。肩まで伸ばした真っ黒な髪。ブルーのストライプの入った長袖Tシャツ、穿き古してテカってるベルボトムのジーンズ、それにボロボロのバスケットシューズを履いた彼は講堂の台に上がり、かなり高いテンションでしゃべり始めた。「われわれはロッキード問題とか！」と、全学連のような演説を始めたのだ。その頃の多摩美にはまだ学生運動の名残があった。宮沢はとめどなく流れる汗を拭いてはしゃべり続けた。USアーミーのジャケットにパンタロン、アフロヘアのぼくは「なんだあいつ。学生運動をいまだに引きずってんだ」と思った。

この歓迎会でぼくが惹かれたのはフォークソングクラブと映像演出研究会だった。とりあえずフォークソングクラブに入ろうと、多摩美の一番山側に建っている文連長屋へと向かった。アニメーションクラブ、落語研究会、テクノロジークラブなど部室が並んでいる。すると、フォークソングクラブからニール・ヤングの「孤独の旅路」が聴こえてきた。ぼくは開け放たれた窓をのぞいた。長髪の男が後ろ向きでがむしゃらにギターを弾いて歌っている。ジャーンジャラジャラジャラーギターの音が終わりを告げた。

「すいません、フォークソングクラブに入りたいんですが……」

男がくるりと振り向いた。「ゲッ！　あの学生運動の名残りのやつじゃん」、ぼくは心の中で思った。彼は、アフロヘアにヒゲ面のぼくの顔にギクッとした様子だったが、「お、入りますか。歓迎、歓迎」と軽い調子で言った。講堂で受けた印象とは随分違った。

「今のはニール・ヤングの「孤独の旅路」ですね」

「あ、分かった?」

「分かりますよ」

「そうか、オレ、ニール・ヤングのファンでさ」

「『ハーヴェスト』は高校の時よく聴いてました」

「あ、そう。なかなか気が合いそうだね」

「あ、ぼく、竹中直人といいます」

するど、「あ、小生、宮沢章夫と申します。ピース!」(「ピース」はこの頃みんな挨拶代わりに言っていた)。ぼくは「フォークソングクラブに入ります」と宮沢に言った。そして、お互い好きな音楽や映画の話をしたりした。これが長い付き合いになる宮沢章夫との最初の出会いだった。


話を本題に戻そう。

「宮沢、もう一度何様だと思ってんだ?!って言ってくれ!」

「何様だと思ってんだ?!」

「お武家様ぁ〜!」

ワハハハハなどと言いながら笑い合った。宮沢は言った。

「竹中、お前は好きな人ができると、すぐ人に言ってしまうクセがある。もうこれからはそれはやめろ！」

「そうか、そうだな。人に言ってしまうことによって、その娘を思う気持ちが拡散してしまうからな」と言いつつ、ぼくはすでに何人かの人に言ってしまった。しかし、そのことは宮沢には黙っておこうと思った。

２人でゴロンと横になって、テレビをボーッと見ていた。ブラウン管の中でいろんな人が楽しそうに語っている。

「何がそんなに楽しいんだろうね？」

「テレビは楽しそうにしてなきゃだめなんだよ」

「いきなりここで吐いたら面白いね」

「ああ面白い」

「みなさん今晩は、今日はですね……ウッ！　ブルグエゲログェ〜〜〜〜なんてな」

「はははははは。やめろ〜竹中、腹が痛い……」

チャンネルを回すと『兵隊やくざ』が放送されていた。勝新太郎が兵隊にボコボコに殴られている。宮沢が言った。

「吐いちゃったりしてな……」

「な、吐いちゃったりしてな」

すると、勝新が本当に吐いた！

「吐いた！　吐いた！」

「勝新が吐いたぁ〜」

笑った。宮沢とゲラゲラ笑った。気付くと宮沢のヒザがぼくの位置から見るとテレビの画面に少々かぶっている。

「おい宮沢、そのヒザじゃまだ」

「やかましい、こうしてるほうが楽なんだよ。竹中が動けばいいだろ」

「じゃ、テレビの位置を少し変えさせてもらう。よいしょっと」

「おい、何すんだ?!　それじゃあオレが観えないじゃないか……よいしょ」

「きさま、ずーずーしいぞ。その位置じゃオレが観えないんだよ。よいしょっと」

「ずーずーしいとはなんだ！　夜中に人んちに突然来て、ずーずーしいのはテメェのほうだろ?!」

「何を！」

「来るか?!」

「よし、来い！」

しばらくとっくみあいの喧嘩が続く。いつの間にか寝てしまい、気付くと朝になっていた……。

そして、いよいよ彼女が国分寺へ来る日がやってきた。前日の夜、ぼくはたくさんの10円玉を持ってあの電話ボックスへと向かった。ダイヤルを回す指が震える。プルルルーン、プルルルルーン、呼び出し音がぼくの胸を打つ。ガチャ。

「はい、豊原でございます」

げっ！　お母さんだ！

「あ、もしもし、た、た、竹中と申しますが、じゅ、潤子さんいらっしゃいますか……」

「あ、竹中さん。初めまして、潤子の母でございます。娘から話は聞いています、とても楽しい方だとか。あ、ちょっと待ってください」

「はい……」

「もしもし」

あっ、出た！　どうしよう……急に不安が襲う。

「あ、どうも。あの……明日は大丈夫でしょうか？」

もしかしたら、ごめんなさい……明日、ダメになってしまって……と言われるかもしれない……。すると、

「ええ、明日の11時30分に新宿の東口の改札口ですよね？」

「あ、はい！」

「とっても楽しみです」

よ、よかった……。そしてぼくはひとつ気になっていたことを彼女に聞いた。

「あの……弟さんも一緒にいらっしゃるのでしょうか……」

「いえ、行きたがってたんですけど、お姉ちゃんのデートを邪魔するわけにはいかないって」

ぐげっ!! 胸がツキーンとした。「デ、デ、デート」って言い方するか……デートって言い方するかぁ……ああ……。「そ、そうですか。来ないんですね、残念だなあ……」と言いながらも、ぼくは心の中でホッとした。電話ボックスからチラッと外に目をやると、仕事を終えた「グルマン」の堺井さんが自転車に乗って帰っていく姿が見えた。高鳴る胸をおさえぼくは言った。

「デートだなんて、とんでもないこと言いますねえ……」

「ええホント」

「そうですよねえ、まだ1回しかお会いしてないのに。ハハハハハハハハ」

ガチャン! し、しまった! 興奮したぼくは身体がよじれヒジで電話を切ってしまったのだ! もう一度かけなきゃ! 10円玉を入れる。ダイヤルを回す。プルルルルーン。ガチャ。

「あ、もしもし、すいません、ヒジで電話切っちゃって。何やってんでしょうね、ぼくは」

彼女は笑いながら、

「竹中さんらしいです……、今、どこからお電話なさっているんですか」

「あ、公衆電話です、家の近くの。神社のすぐそばにあるんですけどね、落ち着くんですよ、ここは。ま、電話でダラダラ話してもしょうがないんで、ほんと明日楽しみにしてますから」

「私も楽しみにしています」

「それじゃあ明日。どうぞ先に切ってください」

「はい。おやすみなさい」

ガチャ……。「私も楽しみにしています」……だって！　うれしいなあ。ああ、どうしよう。「デート」だって。ぼくは夜の道をスキップしながら帰っていった。

新宿駅東口、待ち合わせの時間より30分も前に着いてしまった。ああ、胃がチクチク痛い。日曜日の新宿駅は大勢の人でごった返している。すると、彼女の姿が人ゴミにまぎれて見えた。私は大きく手を振る。彼女は白いワンピースを着ていた。

「こんにちは」

「どうも、早く着きすぎちゃって」

ぼくは前もって用意していた国分寺までの切符を彼女に差し出した。

「はい、これ」

「あ、どうもありがとう」

オレンジ色の電車が走り出す。２人でドアにもたれて向き合った。窓から射し込む陽が眩しい。

「暑いですねえ、今日は」

「ええ、でもいい天気でよかった」

次は吉祥寺、吉祥寺〜。

「あ、国分寺に行く前に井の頭公園に寄りましょうか。行ったことあります？」

「ないんですよ」

「あ、そうか、中央線乗ったことないって言ってましたもんね」

「でも、いいんですか。切符、国分寺まで」

「いいんですよ、そんな、行きましょう」

そして井の頭公園で2人でボートを漕いだ。彼女がぼくと向き合って座っている。

「何年ぶりかしら、ボートなんて乗るの。気持ちいいなあ」

「ええ、気持ちいいですね」

彼女の白いワンピースに夏の陽射しが反射している。「白いワンピースが眩しいです」なんて言っちまった。そして再び電車に乗り、国分寺へと向かった。2人で流れる景色を見ていると、急に雲行きが怪しくなってきた。黒い雲が大きく空を覆ってゆく。すると、激しいカミナリと共にザーッと雨が降りだした。車内が騒がしくなる。

「来ちゃいましたねえ、どうしよう」

次は国分寺、国分寺〜。

国分寺駅南口の改札でしばらく雨やどりをした。しかし、なかなかやみそうにない。

「よし！　それじゃあぼく、ひとっ走り傘買ってきます。ここで待っててください」

そう言ってぼくはドシャ降りの雨のなか、青いビニール傘を1本買って戻った。ぼくはすでにびしょ濡れ。

「ダメですね。傘さしてても、びっしょりになっちゃう」

「でも、やみそうにないですよね」

2人で茫然と空を見上げた。

「行きますか？」

「ええ」

「よし！　歩いて40、50分くらいですから、大丈夫でしょう」

「え！　そんなに！」

「嘘です。3、4分です、ハハハ。それじゃあ行きましょう！」

2人で傘をさし、雨のなかを駆け出した。するとどうだ……！　傘の柄を握るぼくの手に、そっと彼女の手が重ねられるではないか?!　いや！　重ねるというよりも、ぼくの手をつつんでいる!!　ぼくは平静を装いながらも、びっくりしてしまった。そして、彼女のニオイがぼくの心を打つ。横なぐりの雨が、1本の青い傘を持って走る2人を容赦なく打ちつける。「寺珈屋」までの短い道のりが、ものすごく長いものに感じられた。

ハーハーハー――。2人で大きく息をしながらドアの前で傘を閉じた。同時に彼女の手もぼくの手から離れる。「フーッ、緊張した」。ぼくは心でそうつぶやいた。2人ともびっしょ濡れだ。彼女の髪も、白いワンピースもびっしょり濡れて体の線をくっきりと浮きたたせている。ぼくはどこに目をやっていいのか分からなくなってしまった。ふと目をやると、ドアの窓からマスターや、友人の目がジッとぼくたちを見ていた。

「とりあえず中に入りましょうか」

「ええ」

ぼくはドアを開けた。チャリンチャリン。マスターが来る。

「いらっしゃい。大丈夫、びっしょりじゃない」

「ああ、びしょびしょ。マスター、タオルある？」

「お、今持ってくる」

すると、武蔵美《むさび》の友人の齋藤道哉がニコニコして近づいてきた。

「オレ、家近いから着替え持ってきてやるよ。トレーナーとかスウェットパンツでいいよね」

「お、悪い。道哉、こちら豊原さん」

「あ、齋藤です。こんにちは」

「初めまして、豊原です」

「じゃあ、行ってくるよ。あ、竹中、パンツどうする？」

「パンツ？……ああ、パンツはいいよ」

「そう？」

「いいよ」

「そうか、じゃあ行ってくる」

黄色い雨ガッパを着た道哉が外に飛び出した。みんなの好奇な目が、ぼくの陰に立っている豊原さんに向けられている。マスターがタオルを持ってきた。

「竹中はいいよね、彼女だけで」

「うん、いい。どうぞ」

「ありがとうございます」

「ま、中に入ってよ。いつもの席空けてあるから」

彼女がタオルを体に巻いてトイレに入ると、みんなが一斉にぼくに言った。

「おお、きれいな人だな」

「きれいな人だね」

「背が高いんだね」

「ああ、高いんだよ」

「前の人とは、また全然イメージが違うな」

「余計なこと言うなよ！」

「なに、どっか行ったの？」

「うん、井の頭公園でボート」

「へえ、ボート」

「マスター、熱いコーヒーいれてよ」

「今日もツケ？」

「あ、言わないで、それ」

道哉が帰ってきた。

「こんなんでいいかナァ」

「ありがとう」

黒と白のスウェットパンツ2枚と紺と茶のトレーナー2枚を、道哉はバッグの中から取り出した。

「パンツは大丈夫かな」

「オレ？　だから大丈夫だよ」

「違うよ、彼女だよ」

「あ、そうか。どうしようか」

「でも、女のパンツは持ってないからなあ。男物のパンツじゃまずいだろ」

「セブン‐イレブンで買ってこいよ」とマスターが言う。

「女物のパンツを？　そ、そりゃあちょっとなあ」

「でも、パンツ濡れてるだろ？」

「ああ、オレびしょびしょだからな。間違いなく濡れてるはずだ」

「じゃあ、買ってきたほうがいいだろ」

「ちょっと待ってよ。「パンツ濡れてるから、これをはいてください」って差し出すのか？　そりゃちょっとできないだろ？　それにどういうパンツがいいのか分かんないよ。いろいろ好みっつうもんがあるだろ？　困ったなあ」

「ああ、困った」

「困った、困った……」とみんなで困っていると、「じゃ、私が買ってきてあげるよ」とウェイトレスのウリちゃんが言った。すると豊原さんがトイレのドアから顔を出した。

「すみません。タオルありがとうございました」

「あ、これ、道哉が。どれにします？」

「あ、どれでも。竹中さんは？」

「いや、ぼくはどれでも。じゃあ、これ着てください」

「すみません、お借りします」

「あ、今、友達があの……下着を……」

「えっ？」

「あ、あの下着……」

「あ、大丈夫です。すぐ乾きますから」

「でも、今買いに……」

「すみません……」

妙な緊張感が店内をつつんだ。雨ガッパを着たウリちゃんが急いで戻ってくる。

「これ、よかったら」

「すみません。おいくらですか？」

「いいですよ」

「じゃあ、あとで払いますね……」

着替えを済ませ、彼女が出てきた。「じゃ、ぼくも」と、トイレに入った。長い髪が1本落ちていた。ぼくはそれを拾いあげ、豊原さんの髪だ……とポケットにしまった。ああ……パンツが濡れていて気持ち悪い。

2人とも着替えを済ませ、やっと席に落ち着いた。みんながそれぞれの時間に戻った。マスターはカウンターでパイプを燻らせ新聞を見ている。武蔵美の齋藤道哉はビールを、ウリちゃんはコーヒーカップを拭き、他のみんなはそれぞれのテーブルでタバコを吸っている……。みんなぼくたちとは全く無関係な空気を発しつつ、しっかりと背中でぼくたちの成り行きを案じていた。彼女の白いワンピースがハンガーにかけられ揺れている。雨もすっかりあがって、青空が広がってきた。柱時計が5時の時刻を告げた……。「寺珈屋」でのちょっとした喧騒は終わりを告げた。

「じゃあ、帰りにワンピース、取りに寄りますね」

「了解！　その頃には乾いてるでしょ」

みんなのお見送りを受け外に出ると雨あがりの匂い。早めの夕ごはんを「グルマン」で食べた。グルマンの堺井さんは眉毛を少し上に上げ、彼女が想像してた人とは違ったという表情を浮かべニヤニヤしてる。そして「へぇ」と言った。おいおい「へぇ」ってなんだ?と思ったが黙っていた。すると入り口ドアが開き、堺井さんの奥さんの三坂さんが買い出しから戻ってきた。三坂さんは彼女を見るなり「あらやだ、きれいな人じゃない」とはっきりと通る声で言った。2人でインド風カレーを食べてグルマンを出た。

「あんな美味しいカレー初めて食べました」

「ね！　美味しいでしょう！」

ぼくはうれしかった。そして、「スズカ」「古着屋」「ピンクフラミンゴ」へ彼女を連れていった。2人とも齋藤道哉のジャージの上下を着たままだ。寺珈屋のみんなは雨にびっしょり濡れた彼女の白いワンピース姿を見ている。しかしその後の人々はジャージを着た彼女しか見ていない。服装は大事だ。その人の印象を大きく変える。ピンクフラミンゴの人だけ「あれ？たけちゅー、いつもと服違うね？」と言った。

「いや、夕立で……」

そして彼女はぼくのアパートにやってきた。ぼくはうれしくていきなりギターを引っ張り出して古井戸の「ｌｏｖｅ ｓｏｎｇ」を歌った。♪君がいつもさみしくならぬように〜♪

「……映画が好きでね、大学では映像演出研究会というクラブに入ってるんです。8ミリで映画を作るクラブなんですけど、とにかくみんな競い合うように映画を観ていて、授業なんかそっちのけで部室に集まってくるんです。話が盛り上がるとみんなガンガンタバコを吸うから、狭い部屋がもう煙でもくもくになっちゃって」

「うわぁ、大変」

「大学1年の時、すぐにそのクラブに入ったんです。でもその頃は四畳半青春映画が主流で。「ダメだよ、そんなんじゃ」なんて偉そうなこと言って、今までの学生映画にはない、何かスラップスティックなものを作ろうってことで『燃えよタマゴン』という8ミリ映画を監督・脚本・主演で作ったんです。ブルース・リーの大ファンでしたからね」

「聞かせて」

「いや、いいです。あまりにもくだらないから」

「そうなんだ……」

「はい。作った映画はコンペとかそんなものにも出したりしないんです。コンペに出そうよ！とかもっと多くの人に観てもらおう！ってやつがいないんです。欲がないんですみんな。多摩美の芸術祭で上映してそれで終わり。次に作ったのは『ポスターカラー』っていう恋愛映画で、古井戸の「ポスターカラー」っていう曲をイメージして作ったんです。聞いてください」

ぼくはまたギターを弾いて歌った。♪こんな小さなポスターカラーで〜♪

「その次も、ぼくの監督・脚本で『黄昏のスケッチ』という映画を撮ったんです。この映画はキャスティングが面白いんですよ。「グルマン」の堺井さんにも出てもらってます。多摩美の守衛のおじいちゃん、山田米作さんは出演をすごく喜んでくれました。八王子の山の中にある米作さんのご自宅の縁側で撮影したんです。「若い学生さんがうちに来てくれるなんて本当にうれしい」って、前もって買ってきてくれたんでしょうね、缶ビールとかバヤリースオレンジとかポテトチップや酢昆布まで出して、ぼくたちをもてなしてくれました。それで撮影が終わると、「もう終わっちゃうのかい、もう終わっちゃうのかい」って寂しそうに言うんですよ。なんだかそれがせつなくて、その場でセリフを追加して出番を増やしちゃいました。ぼくたちが「本番！」と言うと、「あぁだめだ。緊張していかん。ちょっと酒飲んでいいかい？」って。「あ、いいですよ」なんて待っていると、いきなりベロベロに酔っぱらって出てきて……顔がもう真っ赤でね。でもその姿がかわいくてかわいくて……。この『黄昏のスケッチ』はなかなかの大作なんです。バイクの走りのために山中湖ロケもやったし、衣装や小道具なんかも結構凝ってて、国分寺の「古着屋」さんや「ピンクフラミンゴ」、古道具屋の「生活舍」で借りました。みんな、タダで貸してくれるんです。国分寺は本当に、住むべくして住んだ街です」

とにかく夢中で話した。無我夢中で話した。自分のことしか話さなかった。でも、彼女はずっと楽しそうにぼくの話を聞いてくれた。そして、再びぼくはギターを弾いて歌った。やはり古井戸の「星空ダンスホール」だ。♪すぐ抱くよりも　今夜は君と踊りたい気分さ〜♪

とりとめのない話と歌をいつまで続けただろう。時計を見ると10時を回っていた。

「じゃあ、そろそろ……」

「そうですか、帰りますか……」

「どうも、長い間おじゃましちゃって。とても楽しかったです」

「いえ、こちらこそ本当に楽しかった。じゃ、行きますか」

「ええ」

いきなり出てきたらどうしようとずっと心配していたゴキブリも気を遣ってくれたのか出てこなかった……。彼女が玄関へ向かう。その後ろ姿を見ていた。……彼女は道哉が貸してくれた茶のトレーナーと白いスウェットパンツを穿いている。ぼくは彼女を抱きしめたい衝動に駆られてしまった。「すいません、ぼくも」と言いながら、狭い玄関で一緒にクツを履いた。普通なら彼女がドアを開け、外に出てから履けばいいものを、抱きしめたいと思う気持ちがそうさせなかった。ぼくは言った。

「すいません。抱きしめてもいいですか」

彼女はびっくりしてぼくを見た。いきなりすぎる、あまりにもいきなりすぎる。そんな雰囲気にもなってやしないのに、それもこんな狭い玄関で……。「何を言ってんだ、オレは」と思いながらも、再び言葉を繰り返した。

「だ、ダメだったらいいです。でも、抱きしめたくなってしまって」

いきなりそんなことを言われたら、誰だってどう答えていいか分からない。「どうぞ」なんて言えるわけがない。彼女はびっくりしながらしばらく黙っていたが、「ええ」と静かにうなずいた。ぼくは彼女を抱きしめた……。

そのまま何も言わず黙って夜の道を歩いた。角を曲がると長い街灯が連なっていて、横には柿の木畑が広がっている。手を握りたい、ああ……手を握りたい。ぼくの胸は高鳴った。でも、まだ会って2回、それはあまりにも早すぎる。でも直人、握るんだ直人。臆病になるな！　今度の恋には自信を持て！　握るんだ！　なんて自分に言い聞かせていると……大きなガマガエルが街灯に照らされて、目の前に現れた。彼女より先にそれに気付いたぼくは、低く「ウア！」と叫び声をあげ、飛び上がってしまった。

「ガ、ガマガエルが！」

「え？」

「ホラ、そこに！」

「ホントだ！」

「で、でけぇー!!」

2人で「寺珈屋」に寄った。もう誰もいなかった。マスターが出てきた。

「帰る？　ワンピース乾いてるよ」

「ちょっと送ってくる」

「そう、それじゃあまた遊びに来てくださいな」

マスターは鼻にかかった声で彼女に言った。

「ええ、ありがとうございました」

マスターと2人で、着替えに行く彼女を見送った。マスターが言った。

「どうだった？」

「うん、あとで話す」

「駅まで送るの？」

「うん、どうしようかと思って」

「家まで送ってあげなよ。終電は間に合うでしょ？」

「そうか、やっぱりそうしようかなあ」

「そうしなよ。楽しかったみたいじゃない」

「うん、楽しかった。でも、自分のことばっかり話しちゃって」

彼女が出てくる。

「それじゃあ、マスター」

「楽しかったです。さようなら」

「さようなら」

中央線のドアにもたれて夜の景色を見ていた。新宿駅から20分くらい歩いただろうか。小さな古い木造の家だった。

「本当に今日はどうもありがとうございました。わざわざ家まで送っていただいて……」

「いや、こちらこそ」

「それじゃあまた、電話しますね」

「あ、すいません。タバコ1本分いいですか」

「え？」

「タバコを1本吸う時間だけ、ちょっと話を……」

「はい」.

これはぼくの得意のパターンで、別れが惜しい時よく使う。

「星がきれいですね」

「ホントだ。明日もいい天気ですね」

「あれが北斗七星で……はくちょう座ですね」

「東京でもまだまだ星は見れますね」

結局、彼女に「好きです」とは言えなかった。そして今、付き合っている人がいるのかも。ま、まだ会って2回、焦ってもしょうがない。きっと今度はうまくいくさ。なんてったって傘をさすぼくの手を握ってくれたのだから……。夜の新宿の街を歩きながら、ぼくは自分の左手を見た。

電車に乗っていたら、急にいたたまれなくなった。国分寺駅を通過し、ぼくはそのまま八王子へ。宮沢の家に向かったのだ。八王子駅から「寺珈屋」のマスターに電話を入れた。

「今日はどうもありがとうございました」

「どういたしまして。いい感じだったよ」

「そうですか。今日はちょっと友人の家に泊まるので、また行きます」

「うん。じゃあ、頑張って」

宮沢の家のドアをノックした。「はあ〜い」という宮沢の声。ぼくはドアを開け叫んだ。

「宮沢ぁ〜！　抱きしめちゃったよー！　彼女を！」

「なに、ほんとか〜?!」

「ああ」

「まあ入れ！」

「おお」

「どうだ？　今度はうまくいきそうか？」

「どうなんだろう。うまくいくといいんだけど……」

「何か飲むか？」

「飲む！　冷たい牛乳はあるか？」

「ない！」

「用意しとけよ、牛乳くらい！」

「何を、きさま！　何様だ?!」

「真っ逆さまー！」


……宮沢には、恋愛に関しては本当にお世話になった。何かというと悩みを打ち明けていた。

昔、こんなことがあった。浪人時代、美大の予備校に通っていた頃、相原みどりさんという女性に恋をした。彼女は武蔵美に入り、ぼくは多摩美に入った。もう会える日もなくなり、1年が過ぎた。でもぼくは彼女のことを忘れることができなかった。いつものように宮沢を訪ねた。

「つらいんだ、宮沢」

「そうか、つらいか。よし、そんなに好きだったら、もう行動で示すしかないだろう」

「そうか。どうしたらいい」

「強引に唇を奪うんだ」

「え〜そんな〜」

「もう、それぐらいしなきゃダメだ！」

「そうか？」

「そうだ。それでダメだったら潔くあきらめろ！」

「分かった……」

彼女はその頃、代々木に住んでいて、代々木の飲み屋さんでアルバイトをしていた。そのバイトが終わるのが夜の12時。その帰りを代々木の駅で待って、相原さんが改札口に現れたら「話がある。どうしても聞いてほしいんだ」と静かに言う。そして、代ゼミの美術科に通っていた頃、みんなでよく遊んだ「みどり公園」に彼女を誘い、そこで彼女の唇を奪う……。宮沢とそういう計画を立てた。

そして、その計画の前日の夜、八王子にある小さな公園で、宮沢と2人でキスにいたるまでの練習をした。冬の公園で2人ベンチに座る。宮沢が言った。

「まずは、軽い世間話から始めるんだよ」

「ああ。武蔵美はどう、楽しい？　とか、こんな感じだな？」

「そうだ。それで、その話の間、絶対彼女から目をそらしちゃダメだぞ。ずーっと彼女の目を見つめるんだ」

「分かった」

「それで、たぶん彼女が「寒い」とかなんとか言うと思うんだよ」

「ああ……」

「そしたら、自分のジャケットを脱いで彼女にかけてやるんだ」

「なるほど、その時だなチャンスは」

「ああ」

「それで、ジャケットをかけるついでに、そっと彼女の肩をこう引き寄せるんだろ？」

宮沢を彼女に見立ててやってみる。

「そうそう。そして、しっかりと言うんだ、「好きだったんだ、ずっと」って。そして、そのまま強く抱きしめるんだ」

「こんな感じか？」

「ちょっとやめろよ、気持ち悪いなあ！」

「そうか。ん〜そうか〜、できるかなあ……」

「できるよ。もう、そんぐらいやんなきゃ彼女には伝わらないよ！」

「よし、宮沢！　やるよオレは！」

そして、その日がやってきた。山手線代々木駅改札口、夜11時45分。ぼくは彼女を待った……。しかし……いくら待っても彼女は来ない。時計はもう夜中の1時を回ってしまった。あれ？　あれ？　どうしたんだろう？　バイトが長びいているのかな……??　今日バイト休みだったりして……。だったらどうしよう……。なんのために待ってたんだ……。なんて思っていたら、彼女が現れた！

「あ、竹中くん？」

「どうも。いやあ、どうしても会いたくて」

「びっくりしたあ」

「ちょっと話があるんだ。公園行かないか？」

「え〜、寒いからどこかに入ろうよ」

「いや、公園で話がしたいんだ」

し、しまった。予定とは違う答えが返ってきた。季節は冬、それも2月だ。誰だって寒い公園なんかで話したくない。そこまで考えていなかった。しかし……どこかの店に入るお金もない。それに店の中じゃキスなんて絶対できるわけがない。ぼくは強引に彼女を公園に誘った。

そして宮沢と練習したように「ここに座ろう」と、彼女と並んでベンチに座った。

「寒いよ〜寒いよ〜」と彼女は言う。

「寒い？」

「うん、寒いよ。どこかお店で話そうよ」

「いや、ここで話したいんだ」

ぼくはそう言いながらジャケットを脱ぎ、彼女の肩にかけようとした。

「何やってんの？　それじゃあ竹中くんが寒いじゃない」

「いや、大丈夫だよ」

「どこかお店に入ろうよ」

彼女の白い息が痛々しい。しかしぼくは、自分のジャケットを彼女にかけたと同時に、「好きなんだ！　相原さん！」と言って、いきなり彼女を抱きしめた。彼女はびっくりしてビヨン！と跳ねて、ぼくから離れた。

「どうしたの？　竹中くん！　狼さんは嫌いだ」

「いや、違うんだ。本当に好きなんだ、相原さんのこと」

「狼さんは嫌いだよ……」

彼女は本当に驚いている。ぼくは必死で彼女に言った。

「ごめんなさい。もう、こうでもしなけりゃ、分かってくれないと思って……。オレ本当にずっと好きだったんだ、本当にずっと好きだったんだよ。分からなかった?」

「分からないよ、そんなの。もうずいぶん前に言ったじゃない、いい友達でいようって」

急に悲しくなってしまった。

「ごめん。ダメだっていうのは分かってたんだけど、でも本当に好きだったんだ。もう二度と会えないよね……さようなら」

ぼくはそのまま走り去った。走った、とにかく走った。わけが分からなくなって、どんどん走った。気付くと、いつの間にか新宿の高層ビル街に立っていた。寒いのに、走ったせいか体が汗でびっしょりだ。電話ボックスを見つけ、宮沢へ泣きながら電話を入れた。

「ダメだったよ、宮沢。練習の成果はなかった」

「そうか。どうするんだよ、これから」

「帰れないよ。電車もないし、始発まで待つしかないよ」

「どっか朝までやってる店でも見つけて入れよ」

「そんな金ないよ」

「どうすんだよ」

「ブラブラして時間つぶすよ」

「でも寒いだろ」

「大丈夫だよ、走ってるから」

「走る？」

「あ！」

「どうした？」

「すごいよ、宮沢、高層ビルをこんなに近くで見るのは初めてだよ。きれいだナァ……宮沢、あのさ……」

ブー。

「あ、宮沢、もう10円がない。宮沢、切れちゃう」

「大丈夫か？」

プープープー。ぼくはそのまま夜を明かした——。


本当にたくさんの恋をした。どれも、結局は片思いばっかりだったけど、面白い思い出がいっぱい残っている。そんな恋に付き合ってもらった宮沢にも、ぼくの監督映画『119』の共同脚本に参加してもらっている。宮沢とは長い付き合いになりそうだ……。

そして、長い間住んだ国分寺も、今は丸井の駅ビルが建ち、すっかり変わった。そしてお世話になった「グルマン」も「寺珈屋」も「スズカ」も「ピンクフラミンゴ」も、今はもうない。1万2千円の楓荘アパートも……。

苗字は変わってるけれど名前は普通でショー！

「みなさんこんにちは！　今日は中央線、西国分寺からいらしていただいた、苗字は変わってるけれど名前は普通の方です！　ではお名前をどうぞ！」

「あっ、はい。苦闘点　茂です。48歳です」

「く、くとうてんさん?!　すげ〜!!!」

オェー

ふと思い出すことがある。ふと……。蘇ってくるあの人たちの声。ビクッとするようなあの人たちの気配。

終電間近の電車内、バイトを終えた帰り道、ぼくは窓にもたれて外の風景を見ていた。窓ガラスに映る自分の顔。流れる夜景と自分の顔が融合している。いつも情けない、情けないぼくが情けなく映っている。乾燥しきった車内の光は、ますます自分の感情をへなちょこにさせる。

ドンッと音を立ててぼくの前にひとりの女性がもたれかかった。からし色のコートが目の片隅に入る。これでぼくに勇気があれば「お帰りですか?」なんて聞いちゃったりして。え?何、その質問?「お帰りですか?」、それ、おかしいだろ。

窓ガラスを見ると、髪の短い女の子がぼくと同じように流れる景色を見ていた。かわいいな。「どちらにお帰りですか?」なんて聞いちゃったりして。もうちょっと色気のあるひと言ないのかよ。彼女はとてもさみしそうに窓の景色を見つめている。これも何かの縁だ。終電1本前の電車に乗り合わせて、女と男が向き合って立っているんだ。頑張れ、きっと何かの巡り合わせだ。

「次は、吉祥寺〜」

車内アナウンスが流れる。よし、思い切って声をかけよう！

「あの、もしよければ吉祥寺で飲みませんか？」

ばかやろー。そんなこといきなり言える勇気なんかあるもんか?!　断られたら奈落の底に突き堕とされるし、お前ごときが誘って彼女が「はい！」なんて言うわけないだろ……。だよな。バカバカしい。吉祥寺で降りちゃうかもな。絶対あり得ないけれど、もし彼女が「はい」と答えたとして、お前お酒飲めるの？　ビール、小さなコップに半分で顔が真っ赤っ赤になっちゃうじゃん。それに金もないし。やめようやっぱり！

プシュ〜。ドアが開く。彼女は吉祥寺では降りなかった。数人の酔っ払いたちがバタバタとなだれこんでくる。プシュ〜。ドアが閉まる。そして中央線は走り出した。彼女は変わらずぼくの前にいてくれた。

「三鷹〜、三鷹〜」

彼女は降りない。もしかするとぼくの降りる駅と同じ……だったりして。そうしたらどうする??　窓に映る彼女と窓越しに目が合ってしまった。なんだかとてつもない恥ずかしさが襲ってくる。

すると彼女は、肩に下げた大きめのバッグを手に持つと、中をガサガサ探り始めた。なんだか急に慌てている様子だ。どうしたんだろう？　静かに窓に映る姿を見守っていると、彼女は、バッグの中から小さく折りたたまれたビニール袋を取り出した。

そして彼女は、手際よくそのビニール袋を広げ「ふっ、ふぅ〜」と自分の息を吹きかけ膨らませた。ん？　シンナーか?!　人が目の前にいるのに……。

すると彼女は、「オェー」という、なんとも言えない小さな声を出してそのビニール袋に吐いたのだ。ぼくはびっくりした。でも、無表情を装い、流れる夜景を静かに見つめていた。

１９７６年冬。遠い遠い昔の「オェー」。あの時彼女は、ぼくの存在なんて目に入っていなかっただろう。でもぼくは覚えているんだ。あなたが存在したあの時を。

おっぱい①

多摩美時代に付き合っていた彼女はバイクに乗っていた。ぼくの時代にバイクに乗ってる女の子はそうそういなかった。２人くらいじゃなかったかな。

ひとりは背がすらっと高くてシャープな美人、そして笑顔がかなりかわいい彫刻科の林邦子。もうひとりは背がちっちゃくて歌が上手くて、フォークソングクラブにいて、独特なタンバリンをかき鳴らす染織科のめぐみちゃん。あ……、フォークソングクラブってぼくたちの時代には当たり前にあったけれど今はもうないんじゃなかろうか……。

そのめぐみちゃんの運転する２５０ccのバイク。倒れたら絶対起こせないんじゃないかなと思うのだけれど染織科のめぐみちゃんは力持ちなのだ。

「たけちゅう、どこかゆく？」

「海に行きたいな」

「乗って」

八王子にある多摩美から鎌倉の由比ヶ浜までめぐみちゃんのバイクは風を切って走る。

初夏の匂いがとても気持ちいい。なんだかだんだん眠くなる。めぐみちゃんのバイクの後ろでカクンッとなる。

「たけちゅう！　寝ちゃだめだよ‼」

「あっ、あぶねぇ。あぶねぇ」

「おっぱいさわってて‼」

「え？　いいの？」

「さわって！　寝ないように‼」

「分かった！」

ぼくはめぐみちゃんのオッパイを両手で強く強く握った。

おっぱい②

めぐみちゃんはボインだった。これも死語だ。

ぼくが小学生だった頃、テレビで「タッチボイン」なんて言葉が流行っていた。今では考えられないけれど……。

ある日、下駄箱のところで男の子たちが同級生の上石京子さんをからかっていた。「タッチボイン」と言いながら上石さんの胸を触ろうとしていた。通信簿にいつも消極的と書かれていたぼくはその時だけ正義感に燃えて「やめろよ！」とみんなを追い払ったんだ。その時上石さんはぼくに「ありがとう」と言ってくれた。その言葉に気をよくしたのかどうなのか、ぼくは信じられない言葉を上石さんに放った。「上石さん、こんどおっぱい見せて」と。上石さんは小さく頷いてくれた。でも時の流れと共にぼくはすっかりそんなことは忘れてしまっていた。

小学生最後の修学旅行で日光に行った。夜はみんなで枕投げや布団虫をして大騒ぎ、担任の萩原先生に怒られてみんな静かになった。古い旅館で夜は真っ暗。ぼくはごふじょうに行きたくなって布団から出た。みんなの寝息が聞こえる。

部屋を出ると長い廊下があって、その突き当たりがトイレだ。廊下にはずっと窓が続いている。月明かりで窓枠の影が落ちていた。ちょっと怖くなった。でもトイレに行かないと漏れてしまう。

ふと前を見ると白い影が見えた。ぼくは腰が抜けそうになった。しかしよく見るとその影は白いパジャマの上石さんだった。上石さんはぼくの近くで止まった。

「約束したよね」

「え？」

上石さんがパジャマのボタンを外してゆく。白い乳房が月明かりに照らされて光った。

「ありがとう」とぼくは言った。

Ⅲ

夢のつづき

稲穂が広がる一本道をぼくは歩いている。それも……李小龍《ブルース・リー》と2人で。黄金色の稲穂がキラキラ光ってる。それを俯瞰で見ているぼくがいた。

抜けるような青空。地面にはくっきりぼくたちの影が落ちている。

「ジィ〜」

虫たちの声が重なり合って聞こえてくる。柔らかな陽ざし。おでこに当たる太陽の光が心地よい。いったいここはどこなのだろう……。

目の前には真っ直ぐな一本道。誰ひとり歩いていない。風に揺れる稲穂がきれい……。ぼくは李小龍にそう言おうとした。でもなぜか口が上手く動かない。

「かぜぬゆれふいなふ……」

「かぜぬゆれふぃいいなふ……」

何度言っても言葉にならない。李小龍を見るとただ静かに笑っている。黄金色の稲穂が波のように揺れている。

目を覚ますとぼくは海に浮かんでいた。真っ青な海がぼくの目の前に広がっている。ぼくは足と手をゆっくり動かしながら身体を浮かしている。小さな波がやってきてぼくの顔を包んでは岸のほうへ去ってゆく。海の温度はちょうどいいような、少し寒いような。空はどんよりにごっている。困ったな、どうしよう……。不安な気持ちがつのる。気がつくと陸が見えて砂浜が広がっていた。すると高床式住居のような海の家が現れる。ぼくはその海の家の床下に流された。波が来るとその床に頭をぶつけそうになるのだけれど、床板と海面の距離がよい感じでぶつかりそうでぶつからない。

すると……海の家の床板に映画のポスターがいっぱい貼ってあるのに気づく。それも昔の映画のポスターばかり。

小津安二郎監督『麦秋』！

三船敏郎主演『赤毛』！

真っ赤な毛の三船敏郎の顔が大きくレイアウトされている。

高倉健主演『網走番外地』！

市川雷蔵主演『忍びの者』！

床下に所狭しとたくさんの映画のポスター。その他にも……、

大津金むすぶ主演『伍面引き先鬼』?!

画単写無流来監督『丹毒天の注嵐』?!

がたんしゃむるく？　知らない……。

人馬噛監督『未硬蛾L山の気質！』?!

じんばかみかんとく？　わけの分からない映画のポスターもいっぱい貼られていた。こんなところにポスターを貼ったって誰にも分からないじゃないか……。

『損作務無礼の市が達』？　そんさくむぶれい……？

『頭華麗な価値熊』？　ずがれいなかちぐま？

『倍だ底乗せ！』

なんじゃそりゃあ〜?!　意味不明の映画のタイトルだ。突然身体に冷気が走る。

12月、夜の渋谷の街を歩いていた……。すっかり時代は変わり、渋谷の街なんてとても落ちついて歩けないと思いながら、すれ違う人に絶対ぶつからないようにすばやくかわしながら公園通りを上がってゆく。

なぜか信号機が多いことに気づく。通りに5つもある。するとほぼ同時に5本の信号が青(緑)になり、いつのまにか人がいなくなる。喧騒さえも。静かな闇に包まれる。人も車もほとんどいない。これは映画みたいだ。こんなことなかなかあるはずがない。

え？　夢か……と思うと目が覚めた。あ……、つづきが見たいと思い夢の世界へ入りこんだ。

すると目の前にＨＭＶが……、これは夢のつづきだな。

「そうだ久しぶりにレコードを買いに行こう」

ぼくはＨＭＶの中に入っていった。４人の人がレコードを選んでいた。みんなダッフルコートを着ている。大きな人、小さな人。店内は静かだ。何か聴き覚えのある音楽が流れている。そのリズムに合わせてぼくは2階に上がっていく。ブルーのコールテンのような生地が床に敷かれていて、きれいな青だなと思うとコバルトブルーみたいな色に変化する。これは照明?と思っているとジャズのコーナーが目の前に広がっていた。たくさんのレコードが壁一面に広がっている。

そこで黒のロングコートを着た、体格がよく姿勢のよい男がレコードを探していた。外国の人かな……。コトン、コトン。レコードが手から離れて落ちる音が小さく響いている。ぼくはその男の後ろ姿に惹かれた。厚手の手編みふう、黒い毛糸の帽子を深くかぶっている。ぼくはそっとその男に近づいた。やはり外国の人だった。圧倒的な空気を漂わせている……。その横顔をのぞきこむと……。

なんと！　その人はスティングだったのだ！　ぼくは興奮した。あまりにも興奮して間髪容れず「エキスキューズミー、アーユースティング?!」と声をかけた。するとスティングは「ソウデス」とストレートな日本語で答えるではないか！　ぼくはびっくりして「え?!　日本語しゃべれるんですか?!」と尋ねた。すると「ハイ。ハナセマス」と言うではないか！　その声がまさにあのスティングの声だった！　ぼくはうれしくて「今、渋谷、人が少なくて面白いです。こんな渋谷はなかなか見れないと思います！　よければ一緒に歩きませんか?」とスティングに言った。「イイデスネ……」とスティングは答えてくれた。

「チョットソノマエニコノレコードカッテキマスネ」

スティングは脇に何枚かのレコードを挟んでいたのだ。レジで会計をするスティング。レジの人はスティングだって分かっているのだろうか……。

ぼくたちは渋谷の街を歩いた。ぼくは今、スティングと2人で渋谷の街を歩いているんだ……。

「人が少ないでしょ？　っていうか、いないんです……」

「……ソウネ、イナイネ」

ぼくはこの状況が信じられず、夢ではないかと隣を歩いているスティングを見上げる。スティングはとても優しい笑顔でぼくに微笑み返してくれた……。うわぁ……スティングだ……。

映画を観に行くために銀座の街を歩いていると昔と変わらない路地を発見した。まだこんな路地が残っていたんだ……。ぼくは路地から路地へ抜けた。するとそこには古い映画館があった。うわぁ〜こんなところにまだ映画館があったんだ。ぼくはうれしくなって中に入った。劇場内はやわらかなオレンジ色のソファが並んであたたかく懐かしい匂いを感じた。

すると劇場主が現れた。小柄なおばあちゃんだった。あれ？　ぼくが多摩美時代に通っていた国分寺北口「名曲喫茶でんえん」のママじゃない？と一瞬思う。ぼくは聞いた。

「今何を上映するんですか？」

「『かまじふるくむぅ』、です」

「あっ、それ昔観ました。もう1本はなんですか？」

『シンジケートのガマクジラ』です」

「あっ、それは知らないです」

「あの、すみません、その『シンジケートのガマクジラ』が始まる頃に戻ってきますので荷物置いていっていいですか?」

「いいですよ」

ぼくはまるで常連の客のような気分になってしまった。ぼくは客席に荷物を置き、時間つぶしに銀座の街を少し歩こうと外に出た。劇場を出るとあたりの景色がまるでモノクロの映像のようになってふわぁ~とくもっている。まるでスモークを焚いたように煙に包まれた。え?なんだこれ?と思いながら煙をかき分けどんどん進んでいくと……。

銀座の街が焼け野原になっていた。それも空襲の直後のようだ。高層のビルも何もかもが潰れてしまっている。しかしそこに大きな高い高い煙突だけが残っていた。

ぼくはその煙突の梯子を登ってゆく。登りながら小学生の頃を思い出す。銭湯の煙突を友達と登って途中で足がすくんで登れなくなったことがあったことを。かなり高いところまで登り、下を眺めると……。一面焼け野原の中に、碁盤の目のような道だけがくっきりと見えたのだ。こんな風景は二度と見ることはできない。絶対に写真を撮らなければ……とぼくは携帯カメラをポケットから出し、撮影しようとアングルを探った。ところが何度押してもシャッターが押せない。

すると焼け野原の道に遠く動いているものが見えた。それは小さな黄色い光。碁盤の目に沿ってゆっくりと浮遊している。時には速く、時にはゆっくり、黄色い光は何かを探しているかのようだ。
あっ……これは光じゃない。黄色い小さな火が飛んでいる。なぜか銀座に坂道があったこと
を思い出す。石で作られた小さな階段がある。そこに古い木造の宿屋があった。石の階段を登
っていると2階の窓が全開になっていた。中からカタカタ音が聞こえる。見ると、奥の窓枠に
木のハンガーにかかった薄いブルーの浴衣が揺れていた。あの黄色い火はこの浴衣の人だ。女
の人に違いないと思う。
夢には色がないと言うけれど、ぼくが見る夢はたくさん色が出てくる。本当だよ。

加山雄三の話を聞いてくれ①

「みんなが眉間にシワよせてるから俺もよせなきゃいけないのかなって思って眉間にシワよせたらさ、「加山は余計な芝居をするな」って黒澤監督が言うんだよ」

加山さんから直接聞いたお話だ。『椿三十郎』（１９６２年）での出来事。

「いやあ、照明なのか美術なのかすげ～時間がかかって、ずっとこっちはセットの中で待ってるんだよ。もう眠くて眠くてさ。あっ、だめだと思ったら助監督から「おー、加山ぁ～だめだよ眠っちゃぁ。黒澤監督に殴られるぞ」って言われてさ。そうしたら黒澤監督が目の前に立ってんだよ。やばい殴られる！と思ったら「加山のために3時間休憩！」って。でもさ、そう言われちゃったら逆に眠れねぇーよな」

加山さんはその当時のお話を楽しそうにしてくれる。

「『赤ひげ』（１９６５年）の撮影で黒澤監督が毎回内藤洋子にダメ出しするんだよ。それが長いんだよな。だからさ、オレ、知恵の輪持ってってさ、ダメ出しの間、監督の横でいじってたんだよ。そしたらさ、「おい加山、気が散るからやめてくれ」って。ははは」

ぼくは小学生の頃、『ハワイの若大将』を観てから加山さんの大ファンになった。何に惹かれたのか……。それは加山さんの顔だ。母はよく加山さんのことを「バタくさい俳優」と言っていた。だからぼくもそんな「顔」になりたくて毎朝パンにバターを塗りたくって食べていた。「バタくさい」というのはバターの香りがするという意味で、アメリカナイズされた人のことを言うらしい。そう、ぼくは加山雄三の「顔」に惹かれたのだ。

それから数年が経ち、ぼくは多摩美の学生になっていた。その頃、第二次若大将ブームってやつがやってきたのだ。20歳を過ぎたぼくは、改めて若大将シリーズを映画館で見直した。その時にふと気づいたことがあった。それは……「加山雄三は芝居をしてないんじゃないか」ということだ。ただセリフを言ってるだけなんじゃないかと。

玉置くんのおかげで加山さんに出会えたぼくは、たまに加山さんがやるライブに誘われて一緒に歌ったりしていた。その楽屋でぼくは思い切ってそのことを聞いてみることにした。

「ああ、してないよ。芝居なんて興味ないからさ」

そうか！　やっぱり！

スクリーンでしか観れない俳優を映画館に観にゆく。こんなドキドキがぼくの時代にはあったのさ。映画スターが芝居をしないってすごいだろ？　芝居に興味がないから芝居をしないんだ。ただそこにいてセリフを言う。素晴らしいじゃないか。きっと黒澤監督は芝居をしない加山さんが好きだったんだ。『椿三十郎』『赤ひげ』と加山さんを起用した。その後に若大将シリーズが大ヒット。「多分、黒澤監督はオレがもう若大将のイメージがついてしまったから呼んでくれなくなったんじゃないかな」と加山さんは言っていた。

黒澤監督が撮った『八月の狂詩曲（ラプソディー）』（1991年）のメイキングをテレビで観たことがある。その時黒澤監督がある俳優に「カット！　カット！　感情込めてセリフを言えばいいと思ってる。勘違いしてる！　セリフなんてただ言えばいいんだよ！」と怒鳴っていた。うわぁ～すごいな、この言葉！と感動した。

加山雄三＝若大将と思ったら大間違いなのだ。まだ若大将がブームになる前、加山さんが高峰秀子さんと共演した成瀬巳喜男監督作品『乱れる』（1964年）を観てほしい。お兄さんのお嫁さんを愛してしまう役だ。こころが乱れる加山雄三を誰も知るまい。若大将が大ヒットしても、『乱れ雲』（1967年）という作品で加山さんは再び成瀬巳喜男監督と組む。不慮の交通事故で人を撥ね、死なせてしまう役だ。そしてその未亡人と恋に落ちてしまう……そんな役を加山さんが演じていたことを知る人は少ないだろう。「成瀬監督と出会った時、芝居をする面白さを知った」と加山さんは言っていた。黒澤組では芝居をしない加山さんが気に入られ、成瀬組でもやはり、ただ感じたまま演じる加山さんを成瀬監督は愛したのだと思う。余談だけれど、「松竹に小津は2人いらない」と、成瀬監督が松竹を追放された話はご存じだろうか……。芸術作品は時間がかかると思われがちだけれど、成瀬監督は早撮りだったそうだ。常に予算が余ったと聞いている。

ぼくは成瀬巳喜男監督が大好きだ。青春映画を撮っていた頃の森谷司郎監督も大好きだった。

お2人とも東宝所属の監督だ。森谷監督は黒澤監督の助監督をやっていた人で『八甲田山』（1977年）を監督して、それが大ヒット。いつのまにか大作の監督になってしまったのが僕としては寂しい限りだ。それから、西村潔監督を忘れてはいけない。東宝のニューアクションを作った監督だ。加山さんがアクション映画をやっていたなんて誰も知らないだろうな……。ぼくは何度でも言う。加山雄三＝若大将と思ったら大間違いなのだ。

加山さんの本格的アクション映画、堀川弘通監督作品『狙撃』（1968年）なんて知ってるかな……。加山さんが殺し屋を演じているのだ。続いて森谷司郎監督『弾痕』（1969年）でも殺し屋！　みんなは加山雄三が殺し屋役?? あり得ないよ！と思ってしまうだろう……。見事なガン捌きを見せる『豹（ジャガー）は走った』（1970年）。この時の加山さんは刑事だ。ラスト、殺し屋役の田宮二郎との廃屋での対決は今観ても決して古びない見事なアクションシーンだ。そして再び西村監督と組んだ『薔薇の標的』（1972年）。再び殺し屋の役だ。ラスト、岡田英次さんとの対決は日本の映画史に残るべき素晴らしいシーンだ。そして岡本喜八監督『日本のいちばん長い日』（1967年）の加山さんのお芝居も忘れてはいけない。日本放送協会の放送員を演じている。黒沢年男演じる青年将校に眉間に銃を突きつけられても屈しないアナウンサーを見事に演じている。

挙げたらキリがないのでこのあたりにしておくけれど、加山さんはどんな役でも演じられる素晴らしい俳優なのだ。しかし、大ヒットした映画、若大将シリーズ、誰もがそのイメージで加山さんを捉えてしまった……。加山雄三は若大将だけじゃない……もっともっと評価されるべき作品を作り続けていたのだ。でも数字を取れなければ結局は静かに終わってしまう。誰もがみな、インパクトのあるものを見たらその面でしかその人を捉えなくなる。悲しい人間のサガだ……。人はいろんな側面を持っているのに……。

でも、知る人ぞ知るっていいよね！　みんなが知ってるってなんだかつまらないもの。だってみんな知ってるんだしさ。知る人ぞ知るはやっぱり特別ですてきだな。へぇ～知らないんだあ～へへへぇ～ん！だね！

ちょっとひと息休憩だ。夢中で書いちゃった。

加山雄三の話を聞いてくれ②

竹中さんが小学生の頃、床屋さんで順番を待っていると、ある女性週刊誌が目に止まったそうです。そこには「もうひとりのぼく弾厚作」と、写真入りの記事が掲載されていました。しかしそこには加山さんの写真。でも名前は弾厚作。小学生の竹中さんはそれを見てびっくりしたそうです。加山雄三がもうひとりいると。「だって名前が違うんだぜ。加山雄三と同じ顔のもうひとりがいるって思うでしょう？」と、竹中さんは当時を振り返ります。

「まさか加山雄三が作曲家でもあるなんて子供の頃は思ってもいませんでしたからね。俳優だと思っていましたから。あんな名曲を全て描いてるなんて想像できなかったんです」

そして竹中さんは熱く語ります。

「加山雄三＝若大将って思ったら大間違いだ。いや、加山雄三は若大将なんかじゃない。加山雄三なんだ。でも数字を取ったものがその人を作ってしまうのだ。加山さんはそのこととギリギリまで闘った。そのことは誰も知らないであろう。そして知らなくてもよいことかもしれない。でも俳優という仕事をする想いがあるなら知らなければいけないことだとも思う。加山さんはたくさんの名曲を作った。ヒット曲をたくさんたくさん作った。さあ、加山雄三の話を聞いてくれ！

大ヒット曲「君といつまでも」、そして、大ヒット映画『エレキの若大将』（１９６５年）。この映画がヒットしたことでエレキ＝不良というイメージが大きく変わった。エレキ＝不良と言われた時代があったのさ。

『エレキの若大将』撮影中の出来事……。加山さんが、マドンナ役の星由里子さんに「君のために描いた曲があるんだ。聴いてくれる？」と言ってギターを弾きながら歌うシーンがある。「監督が、途中から星さんも一緒に歌ってって言うんだよ。いや、それはおかしいよってオレ言ったんだよ。だってオレが作ったばかりの曲を聴いてくれって今歌ってるのにさ、彼女とデュエットするのはおかしいだろ？　でも監督は〝歌ってほしい〟って言うんだよ。でもオレは、それはぜったいあり得ないよ、絶対おかしいってゆずらなかったんだ。そしたら監督が〝これは映画だから大丈夫だ〟って言うんだよ。ロケ場所の日光中禅寺湖がもう日が暮れてしまうってことで、納得いかないまま歌ったんだよな。竹中くん、今度ＤＶＤで見直してみてよ。オレめちゃくちゃ不貞腐れた顔で歌ってるから。ははは」。「映画だから大丈夫」ってなんかすごいよね！」

つづく。

加山雄三の話を聞いてくれ③

加山さんはまだ小学生だったぼくにロック、ジャズ、ボサノヴァ、カントリー、ハワイアン、クラッシックを教えてくれた人さ。音楽にはたくさんの表現があることを……。素晴らしい俳優であり、最高のミュージシャンさ。

「竹中くん、オレさ、もう歌わない宣言しちゃったからさ。代わりに歌ってくれないかな？」

あり得ない言葉でしょ？　でも本当なんだよ。

オレ、加山さんのバンド「ハイパーランチャーズ」で加山さんの代わりに歌っているんだぜ。それも全9曲！　加山さんの曲をフルで歌うのは大変なことなのだ。「あがってまーす」じゃ済ませられない。加山雄三がどれだけ素晴らしいミュージシャンか！ということを改めて知った。音の高低差があまりに広すぎて歌うのはものすごく大変なんだ。そして声量がなければ絶対に歌えない。すげ～ミュージシャンだ。そんな曲を描けるなんて……。うお～!!

加山さんから一度だけ家に電話がかかってきたことがある。加山さんの60歳記念アルバムに参加するぼくに、よろしくお願いしますという電話だった。その時ぼくの奥さんが電話に出た。

「もしもし竹中です」

「あ、もしもし加山雄三ですが、竹中くんいますか?」

「はい、ちょっと待ってください。竹中くん、竹中くん、竹中くーん」

奥さんは電話口を押さえて何度もぼくの名前を呼んだ。その時ぼくは2階にあるお風呂に入っていたのだ。だから呼びかける声が聞こえていなかった……。すると、奥さんが聞き逃さなかった加山さんのつぶやきがある。

「竹中がそんな広い家に住んでるわけねぇーよな」

きゃはっ!

なんだかいつもダメみたい

息子がまだ小さかった頃はよく2人で電車に乗って出かけた。すると人が近づいてきて「お前誰だっけ？」と聞いてきた。

「ほら、なんだっけ？」

ぼくを指さして言う。

「なんかほら、怒りながら泣くとかやるやつだよね？」

ぼくは黙っていた。するとまだ4歳だった息子がぼくの耳元で小さくささやいた。

「パパ……、たけなかなおとでしょ……」

ぼくは悲しくなって息子に小さな声で「いいから黙って」と強く言った。前にいる人はにやにやしながらぼくたちを見ている。テレビに出るということは、こういうことなんだ……。

ある日、息子と電車に乗っていたら、ある女性から「あらやだ！　よく似てる。子供がかわいそうね……」と言われた。苦しかった。テレビに出るってこういうことなんだとしみじみ思った。

向上心のない男

今度はぼくが40代の時に書いた文章の再録だ。40代の頃の自分に戻り少々加筆した。40代の時がぼくにあっただなんて……まだまだ映画が「フィルム」の時代だった。

その頃……新藤兼人監督は88歳、現役で映画を撮り続けていた……。では、「向上心のない男」の始まり始まり。

88歳であっても決して老いを感じさせない眼差し。映画雑誌などで写真を見ても、笑っている顔はほとんどない。いつもするどい顔をしている。しかし……足がとても小さくてかわいらしいのだ。そして笑うと、子供の頃が想像できるチャーミングな笑顔になる。そんな新藤監督を知ったのは、映画『三文役者』でのこと。昔、と言ってもそんな昔ではないが（今から思うともうずいぶん昔になってしまった）、殿山泰司という俳優がいた。日本映画には欠かせない個性的な俳優だった。一度見たら決して忘れない顔。独特な頭の形にツルツル坊主。そして大きな耳。なんとも言えない独特な訛りの入ったシワがれ声。体型も独特だから街を歩いていても、

「あ！　殿山泰司だ」とすぐにわかる。

ぼくが27歳の時、ピンク映画の撮影現場を描いた『ロケーション』（1984年）という映画で、殿山さんとワンシーンだけご一緒させていただいた。神奈川県の三浦半島。真夏のギラつく太陽の下、ぼくは共演の柄本明さんと太陽を見上げていた。柄本さんの横顔が汗でテカテカに光ってる。眩しそうに目を細める柄本明。ミーン、ミンミンミンミンミー！　叩きつけるような蟬たちの声。暑い……暑い、ものすごく暑い。

ふと、土手のほうに目をやると……かげろうにゆらゆら揺られながら誰かがこっちに向かって歩いてきた。独特な歩き方だ！　独特なシルエットだ！　助監督が叫んだ。

「殿山さん、入られましたぁ〜！」

ぼくは息を呑んだ。そして心の中で叫んだ。泰司が来た！　あの殿山泰司が！　子供の頃から観ていた映画に必ずと言っていいほど出ていたあの殿山泰司が！　柄本さんと2人で「おはようございます！」と挨拶した。殿山さんがシワがれた独特な声で言う。

「おー、あぢぃなぁー」

「はい！　あっついですねぇ！」

それが最初で最後。ぼくと殿山さんのたった一回きりの会話だ。「おー、あぢぃなぁー」。その声の音色はずっとぼくの耳に残った。

日本のアカデミー賞にノミネートしていただいた時のこと。なんとも居心地が悪く、うつむいていたぼくのところに、新藤監督がやってきた。

「竹中さん、初めまして、新藤です」

ぼくは慌てて顔をあげ立ち上がった。

「あっ！　新藤監督！　初めまして！　竹中です」

新藤監督はぼくを柔らかく見つめ、こう言った。

「竹中さんでね、向上心のない男を演りたいんですよ」

向上心のない男……！　なんて魅力的な響きだろう。ぼくは即答した。

「演りたいです！　向上心のない男!!　ぜひ、お願いします！」

その男がなんと！　あの殿山泰司だったのだ（その時はもう殿山さんはこの世にいなかった）。

殿山さんを演じるに当たって、ぼくの頭に浮かんだのは真夏の三浦海岸、ギラつく太陽の下、殿山さんが発した、あの、「あぢいなぁー！」の声だった。これしかない。ぼくの殿山泰司はこれだ！

そして、映画『三文役者』の撮影が始まった。撮影の三宅さん、美粧の工藤さん、照明の山下さん、美術の重田さん、すべて新藤組常連の人たちだ。特に三宅さん、工藤さん、山下さんは、新藤監督とは長いお付き合いのおじいちゃんだ。細長い顔にボサボサの長髪、その上にかぶったブルーの帽子がトレードマークの三宅さん。ある日、浅草で撮影があった。泰ちゃんこと殿山泰司が浅草の街をぶらぶら歩くシーン。監督が言った。

「三宅くん、ここはね、手持ちの長回しでいきたいんだ」

「はい。分かりました」

三宅さんが小さな声で言う。カメラは35ミリのフィルムカメラでかなり重い。

「はい。では本番。よーいはい」

手持ち撮影が始まった。ぼくが浅草の街をぶらぶら歩く……歩く……歩く……。監督はなかなかカットをかけない。ん？　長いな……。ぼくは心配になった。と、監督がやっとカットをかけた。「カット」と、同時に三宅さんが「あぁぁぁぁぁ〜」となんとも情けないうなり声をあげ、ふらふらになって肩から35ミリカメラを下ろした。危ない!!　若いスタッフたちが三宅さんを支えようと手を伸ばす！　しかし三宅さんは、「いいんだよ！　離せ！　離せ！」と息を切らしながらもその手を振り払うのだ。それがなんとも可笑しくて可笑しくて……。

痩せぎすで、苦虫を嚙みつぶしたような顔、毎日お酒臭いメイクの工藤さん。ぼくに老けメイクをするんだけれど、手もとがブルブル震えてる。大丈夫かな……と心配になる。目元のメイクになると、細かい作業だから息も荒く、「うー、ふぅ〜、うー、ふぅ〜」とお酒臭い息がぼくの鼻をつく。しかし、「工藤さん、臭いです」とは言えない。だからメイクの間は口で息をしていた。

監督の「本番！」の声でカメラが回り出す。しばらくすると、こちらがまだ芝居をしているのに、なぜか小さな声が聞こえてくる。その声が「あ〜ダメだぁ……」と言っている。あれあれ？　とても小さな声だけれどよく聞こえる。それに同時録音だからとっても気になる。何を隠そう三宅さんの声だ。本番なのに……。ＮＧなのかな?と思ってカメラのほうに振り向くと、三宅さんが急に大きな声で、「ダメだよ！　振り向いちゃぁ〜!!」と怒るのだ。そ、そんなぁ〜自分が声を出したくせにーだ。

監督は長回しが多い。引きのカットと寄りのカットを2台のカメラで同時に撮る。まだお芝居が続いているのに、三宅さんが監督より先に「カット」と、小さな声で言うこともよくあった。そのたびに監督が「どうしてあなたがカットをかけるんだ！　カットをかけるのは監督のこの私だ！　あんたは黙ってカメラを回していればいいんだよ!!」と怒る。それを聞いて、三宅さんは誰にも聞こえない小さな声で、何かブツブツ文句を言っている。なんだかたまらないんだ、この感じが。しみじみいい感じなんだ。

監督の体力のこともあって、1日に撮る量は3シーンか4シーン。朝も早くて9時。終わり時間は遅くて17時。そのぶん、撮影期間は2カ月かかる（これぞ理想的な現場。でもそんな現場はないよ）。ぼくは朝から深夜までの詰め込み撮影に慣れていたから、これにはとまどった。え？　もう終わり？　終わっちゃっていいの？　地方ロケに行った時などあとの時間、何をすればいいの？って感じだった（その頃のぼくは44歳。まだお酒も飲めなかったのだ）。

ロケに行っても監督は元気だ。新幹線の乗り継ぎも、決してエスカレーターには乗らない。すべて階段だ。まずは階段の前に止まる。そして右手を上げ、前方上を指差してから、スッと階段を登ってゆく。新藤監督は、「本番、ヨーイハイ」とはっきりした声で言う。「カット」の声もすっきりしていて好きだ。そして、「カット」を言ったあとに、監督はいつもこう言った。

「うまくいきました」

この言葉がたまらない。右手を上げ、指でバッチリマークを作って、ぼくに言う。

「うまくいきました」

しかしたまに、これを言わない時がある。その時は不安になって、「監督、うまくいきましたか?」

「ん?」

「あ、いや、監督の「うまくいきました」がないと、なんだかさみしくて……」

すると監督が照れくさそうに笑いながら、「うまくいきました」と言ってくれる。これがたまらない。役作りもへったくれもない。そんなものは全く関係ない。「うまくいきました」……これだけだ。これだけでいいんだ。そんなふうに思えて、強くなれたような気がした。

殿山さんの生家がある瀬戸内海の生口島《いくちじま》という場所で撮影を行った。新藤監督の『裸の島』(1960年)の舞台になったところだ。お昼休憩になり、『裸の島』の撮影に参加した島の人たちが、「先生、先生。お久しぶりです。お元気ですか?」と集まってきた。そして、「どうぞ、お茶でもめしあがってください」、スタッフとみんなで島の人の家にあがり、お茶をごちそうになった。それと特製マーマレードシャーベットも。島の人たちが監督に色紙を差し出す。

「先生、何かお言葉をお願いします」

監督はマーマレードシャーベットをかたわらに置き色紙に文字を書いた。

「生きている限り、生き抜きたい　新藤兼人」

レモンの花の香りがする。ぼくは立ち上がって縁側に出た。縁側にはスタッフたちの脱いだたくさんの靴。うわぁ……なんか映画だなぁ……と思った。向上心のない男。いいな……そんな生き方。石段の上に、片方ひっくり返った靴がある。とても小さな靴。監督の靴だ。いい感じですり減ったかかと。ぼくはその靴をきれいに揃えた。

好きな言葉　嫌いな言葉

「反射してください」

大好きな言葉。

溝口健二監督は俳優に対してその一点張りだった。さいこーじゃないか。

俳優は戸惑った。

「反射してくださいなんて意味が分からないでございましょ？」

こちらに返してくれ！ってことさ。


嫌いな言葉。

「サブカル」

サブカルチャーって言えってんだてんだラブミーテンダー。

死んでから行く場所は?!

「天だー!!!」

嫌いな言葉。

「W主演」

そんな言葉いつからだよ?!

オレの監督映画は脇役も主演も関係ない。全員主役。


好きな言葉。

ヴィヴィアン・ウエストウッドの言葉。

「かしこく選びなさい」

それはぼくには無理。かしこくないからね……。


「結局、何が言いたいわけ?」

嫌いな言葉だ。

言いたいことなんてねーよ!!

言いたいことがあったら映画なんて作れねーよ!


「10年早いんだよ!」

嫌いな言葉だ。

数字じゃねーよ!

ショーケン

南新宿の裏通り。ベージュのスーツの上下を着たショーケンと歩いていた。初夏の空を見上げながらショーケンが言う。

「竹中さん、この辺はまだ古い街並みが残ってるね」

ショーケンの髪はツヤツヤでぼくより若い。ショーケンはポケットに両手を突っ込んでくるっと回った。その瞬間に目が覚めた。

萩原さんと初めて出会ったのは五社英雄監督作品『226』（1989年）だ。当時のセットを琵琶湖に建てて撮影が行われた。ぼくが31歳の時……。

撮影初日、琵琶湖を眺めながらタバコを吸っていると遠くから「竹中さーん。竹中さーん」の声が聞こえた。うわっ。この声はっ?!　なんと！　あの萩原健一がぼくをめがけて走ってくるではないか！

「竹中さん、初めまして、萩原です」

ぼくの目の前に丸刈りにした萩原健一が立っている！　同じく丸刈りのぼくは言った。

「萩原さん、すみません！　ぼくのほうから先にご挨拶するのが当たり前なのに。初めまして竹中です」

すると萩原さんは言った。

「竹中さん、見てるよーアートネイチャー！　竹中さん、面白いねー」

「あっ、萩原さん、アデランスですね」（当時ぼくはアデランスのCMをやっていた）

「いや、アートネイチャーだろ？」

「いや、萩原さん、アデランスです」

「いや、アートネイチャーだよ」

「あ、いや、本人が言ってるんでアデランスですね」

「いや、アートネイチャーだろ？」

「あ、はい。アートネイチャーです」

これがぼくと萩原さんが最初に交わした会話だ。本当だよ……。

ぼくがまだ高校生だった頃、萩原健一を初めてテレビで観て、めちゃくちゃ興奮したんだ。かっこいいー！って。それは……なんと言ってもあの顔！　そしてあの髪型！　あの声だ‼　時代が作り上げたヒーローなんて次元じゃない。萩原健一そのものにしびれたんだ。

映画『２２６』の撮影でぼくたちは２カ月くらい京都大映の撮影所にいた。ある日、萩原さんがぼくに言った。

「竹中さん、恋してんの？」

「してないです。あっ、でも撮影が土日休みなんで喫茶店に通ってるんですが、そこで働いてる女の子があまりにもかわいくて、文庫本を読みながら彼女を見るんですが、見てないふりをしてるんです。ちょっとした恋かもしれないです」

「竹中さん、今度連れてってよー」と萩原さんは言った。

そして……荻原健一と約束した土曜日がやってきた。萩原さんと2人で河原町を歩いた。萩原さんは帽子もかぶらず普通に歩いてる。ぼくはうれしかった。オレ今、ショーケンと歩いてんだぜって。萩原さんはすれ違う女性を全てチェックしている。本能むきだしな萩原さんにぞくっとした。臭覚の鋭さみたいなものだ。そして、京都の河原町にあるひっそりとした喫茶店に萩原さんとぼくは到着した。

「萩原さん、ちょっと待っててください。今、彼女がいるか確認してきますから」

萩原さんを外で待たせてぼくは中に入った。残念ながら彼女の気配はなく別のウェイトレスが立ち振る舞っていた。ぼくは急いで外に出た。

「萩原さん、今日は彼女、お休みみたいです」

すると萩原さんはいきなりお店の中に入った。

「あのさー、今、竹中直人がいるんだけどー、竹中さんが好きだっていうウェイトレスが……」

ぼくは思いっきり萩原さんの腕を摑んだ。

「萩原さん、やめてください！　彼女いないです！　今日は絶対お休みです！」

……その帰り、大映撮影所近くの居酒屋で萩原さんと飲んだ。当時飲めなかったぼくは何度もトイレで吐いて必死で荻原さんと飲んでいた。萩原さんの主演した映画の話をした。『約束』（1972年）や『青春の蹉跌』（1974年）の話……。すると萩原さんは「ああ、あの写真ね」と言った。萩原さんは映画のことを「写真」と言うんだ。

するとと……酔ったスタッフが近づいてきた。

「おい、お前！」

「あっ、はい」

「お前、刀を右差しで撮影してたんだってな?!」

そう！　これはね、ぼくが初めて出演した東映京都での時代劇『若大将天下ご免！』（1987年）での出来事なんだ。ぼくはイヤな同心役だった。そしてタイトルに「若大将」がついていたから、ぼくは田中邦衛さんに捧げるつもりで「おー若大将」と若大将役の橋爪淳に絡んでいた。誰も知らないと思うけどその時の話なんだ。あっ、話を戻すね。映画のスタッフが、刀を右刺しにしていたぼくに居酒屋で絡んできたんだ。ぼくは言った。

「あ……ぼくあの時、時代劇が初めてだったんです。左利きだったのでつい……」

「ばかやろ！　時代劇で右差しはねーんだよ！　おかげでお前の出てるシーン全部撮り直しになったんだぞ。お前は京都撮影所始まって以来の恥だ！」

すると萩原さんが言った。

「何を言ってんだお前？　その時代生きてたのかよ？　右差しのやつもいたかもしれねーじゃないか?!　つまんねーこと言ってんじゃないよ！」

かばってくれた！　萩原健一がぼくをかばってくれた!!

そして映画『２２６』の撮影が終わりに近づいた頃……。

「竹中さん、今度家に遊びに来てよ。美味いもんご馳走するからさ」

昭和から平成に変わった京都大映撮影所で萩原さんはぼくにそう言った。忘れもしない１９８９年2月、ぼくは萩原健一の家にいた。萩原さんがさばいてくれた魚を夢中で食べた（『前略おふくろ様』で萩原さんは板前の役だったからね）。

「この魚には日本酒が合うんだよ」

萩原さんが日本酒を注《つ》ぐ。

「ありがとうございます」

ぼくはちびちび必死に飲んだ。すると今度は小ぶりの生牡蠣が出た！　その横には小皿が。

「竹中さん、これ、オレ特製のソース。これつけて食うとめちゃくちゃ美味いんだよ〜！」

つるっと口に頬張った。

「うわぁ、めちゃくちゃ美味いです！」

ぼくはつるつる頬張った。すると萩原さんがぼくのすぐ隣に座って、ぼくの顔をじっと見ている。

「……竹中さん、美味そうな顔して食うね〜。オレの分も食えよ〜」

なんと！　もう一皿ぼくに差し出したのだ。食べた。ガンガン食べた。つるっつるっ食べた。

あまりにうれしくてぼくは見事に完食した！　すると……！　激しい吐き気が襲ってきたのだ。

「……荻原さん、すみません、ちょっとトイレ行ってきます」

ぼくは小さくつぶやきその場を離れた。

「オェー！」

萩原さんに聞こえないように流しながら吐いた！　そして、もう一度吐こうとレバーを押した……。するとなんと！　水が流れない！　何度押しても流れない！　節水タイプのトイレだったのだ……！　ダメだ……このまま吐いたら萩原さんに吐く声が聞こえてしまう。これは我慢するしかない。ぼくは平静を装いリビングに戻った。ショーケンが言った。

「竹中さん、顔青いねー」

どうする直人……。どうするどうするどうするどうする??

ジリリリリリィ～ン！　けたたましく黒電話が鳴り響いた。

「はい。もしもし萩原です。おう、おう、分かった。迎えに行くよ。はい」

萩原さんが電話を切った。

「竹中さん、今から友達が来るから迎えに行ってくるよ」

やった！　萩原さんがいないうちに吐ける！　すると荻原さんは言った。

「竹中さんも一緒に来てよ～！」

え??　嘘だろ?!

……気づくとぼくは萩原さんの運転する車に乗っていた。萩原さんの家は横浜の高台にある。目の前の道はかなりのくだり坂だ。

「竹中さーん、ここジェットコースターみたいで気持ちいいんだよ」

そして萩原さんは猛スピードでその坂道を下ったのだ！　あっ、ダメだぁ～!!

「萩原さん、止めてください。止めて……！」

萩原さんが車を止めた。ぼくは助手席のドアを開けるなり、オェー!!!　オェー!!と何度も吐いた。萩原さんが言った。

「もったいねーなぁー」


ＮＨＫのドラマ『不惑のスクラム』が萩原さんとの最後の共演だった。おやじたちのラグビーの物語だ。ぼくは萩原さんの激しいタックルで負傷してしまう役。真夏の炎天下での撮影だった。カメラマンのピント送りがうまくいかずタックルシーンを何度も繰り返した。萩原さんは「何度やらせんだよー」と怒っていた。でもぼくは、ＮＧが出るたびうれしかったのだ。だって、何度も萩原さんに後ろから抱きしめてもらえるんだぜ……。

萩原さんのシーンが終わり、萩原さんはロケ場所に仮設されたメイク室へと戻っていった。それからしばらくしてぼくの撮影も終わり、ぼくもメイク室へと戻った。でもそこには萩原健一の姿はなかった。メイクさんが冷たいタオルを持ってきてくれる。

「いやあ、ショーケンと久しぶりに共演できてすげー興奮したー！　ショーケンに後ろから抱きしめてもらったんだよ！　それも何度も何度も……。たまらなかったなー。やっぱショーケン最高だよな」

ぼくはテンション高くしゃべった。でもなぜかメイクさんは返事をしない。「え？　どうしたの？」と聞くと、メイクさんが小さな声で「まだ荻原さん、いらっしゃいます」と言うではないか……。

「えっ?!」

仮設されたメイク室の奥に萩原さんはうずくまるように座っていた。ぼくは焦って萩原さんのところへ向かった。

「すみません、まさかいらっしゃると思っていなくて」

「竹中さんは、面白いねぇ。オレはもうだめだよ……」と萩原さんは言った。

「そんな、そんなこと言わないでくださいよ。そんな……」

萩原さんはぼくに笑いかけてくれた。

「あの、記念写真、携帯で撮っていいですか？」

「いいよ」

萩原さんはゆっくりと立ち上がった……。

萩原さんはぼくの夢に出てくる。両手をポケットに突っ込んでまぶしそうな顔をして。

でこさん

なんだかふと落ち込むことがある。それはいくつになっても襲ってくる、こころの変化球なのかな……。

おとなになっても弱いままだった。きっと強くなってるって信じてたけれど、なんにも強くなってなかった。でも、子供の時よりいっぱい、いっぱい人と出会ってる。たくさんの人の言葉が耳に残っている。

「私はいつも人のせいにするの。私がいい時も悪い時も、私には責任がないの。全部人のせい」

ぼくはこの言葉を聞いた時、びっくりしたんだ。子供の頃、母に言われていた言葉は「決して人のせいにする人間にはなってはだめよ」だったからだ。でもね、いい大人がこの言葉を聞いて晴れやかな気持ちになってしまったんだ。

今からもう20年以上前、大船にあった松竹撮影所の最後の作品、新藤兼人監督『三文役者』で出会った吉田日出子さんの言葉だった。大学時代から憧れていた自由劇場の吉田日出子さんとまさかの夫婦役だった。もちろん初共演。

撮影の日々を繰り返しながらも憧れの人ゆえ、「吉田さん、少しお話いいですか?」なんて言えるはずがない。そしてその頃は、まだお酒も飲めない私。撮影終わりに「吉田さん、どうですか一杯?」なんて言えるわけがない……。

ぼくはもしかすると二度と会えないだろう吉田日出子に、結局は撮影の時間以外、何ひとつ言葉を交わすことなく別れてゆくだろう夏の夕方の松竹大船撮影所で……なんと、勇気を振り絞って「吉田さん、あの……、小津安二郎監督が通った大船撮影所近くの松尾食堂で……珈琲を……いや、あの……いや、夕ご飯をご一緒させていただけませんか?」と声をかけてしまったのだ!

「いいわよ」

――長い間
うわぁ~! 「いいわよ」だって! 「いいわよ」だって!

ぼくはつんざく蟬の鳴き声と照りつける夏の太陽のはざまで気を失う寸前だったと思う。

ぼくは大船撮影所の玄関で吉田日出子さんをお待ちした。レースの白い日傘をさし、ティシャツにデニムの吉田日出子がひぐらしの鳴き声をBGMにやってきた。

「時間よ止まれ……」

静かにぼくはつぶやいた。

ぼくたちはレストランの席に座った。ぼくの目の前には吉田日出子。日出子さんの後ろには大きな窓が見える。まだ太陽は明るい。太陽に照らされる電信柱がぼくを見ていた。ハンバーグ、そう。2人でハンバーグを注文した。瓶ビール。茶色い瓶ビールが日出子さんの目の前に。泡を立てた黄色のグラスが目の前にキラキラ。もう一度気を失う私。

「吉田さん。オレ、いつも自分の芝居に自信がなくて……」

その言葉を遮って日出子さんはぼくに言った。

「私はいい時も悪い時も人のせいにするの。自分の芝居がよかったって褒められたら、それは監督がよかったから、共演者がよかったから、悪い時は監督がよくなかったから。共演者が悪かったから。だから私にはなんの責任もないの」

「あ……そうですか……。あっ、いやそうですね。いや本当にそうですよね。吉田さん、最高です。うわぁ〜」

なんだかね、元気になっちゃったんだ。もう20年以上も前の物語。松尾食堂ももう今はない。

内田裕也、そして松田優作に初めて会ったのは原田芳雄さんのライブの打ち上げだった。芳雄さんに「竹中、打ち上げ来いよ」と呼ばれたのだ。ぼくはお笑いでデビューしたばかり。いきなり注目されてこの世界でどうやって生きていけばいいのか分からなかった。そんななか、ドラマのお仕事をいただき、なんと憧れの原田芳雄さんと共演させていただいた。

ぼくはその頃、国立にある家賃5万円の風呂付き一軒家に住んでいた。しかし、2匹の猫と暮らしていることが大家さんに見つかり、家を出ることになってしまったのだ。そしてこの仕事をちゃんと続けていけるのかまだ分からない不安のなか、猫と共に暮らせる家賃9万円、国立市富士見通りにある新築マンションに住んでしまったのだ。不安を抱えながら生きるぼくを芳雄さんは可愛がってくれた。

そうそれでね……芳雄さんの打ち上げでモノマネをやることになってしまったのさ。『燃えよドラゴン』のブルース・リーが宿敵オハラを倒すシーン。そして『太陽にほえろ！』ジーパン刑事の殉職シーン「なんじゃこりゃぁー！」を続けて披露した。

すると！「うるせぇーよお前！」と高く通る声が聞こえた。た、大変だ、内田裕也だ。内田裕也が現れた！　来る！　こっちに来る！　怖い！　どうしよう……しかし、すぐに芳雄さんが裕也さんを制してくれた。

「裕也さん、こいつちょっと面白いんで見てやってください」

ぼくは緊張に震えながらモノマネを続けた。

「では次は、電車の中で吐くかな？　吐くんじゃなかろうかな？と思うと気合いを入れて耐える人をやります」

すると！「こらっ」「こらっ」とあの声が聞こえてきた！　げっ！　松田優作だ！　来る！　松田優作がこっちに来る！　で、でかい！　ぼくは優作さんに見下ろされた。

「お前なめてんのか??」

「あ、いやなめてません」

「なめてんだろ？」

「いや、なめてません」

ものすごい威圧感だ。するといきなり優作さんの右手が上がった。あっ！　殴られる！と思ったら優作さんはぼくの右手をぎゅっと握って言った。

「ずっと見てました。愛してます」

えー?!　大きな手なのに柔らかな弾力を感じた。

それから10年以上の時が流れたある日のこと。裕也さんから自宅に電話が入った。

「もしもし、内田だけど今から新宿のパークハイアットの52階に来い」

有無を言わせぬ声の響き。

「はい！　行きます」

タクシーを拾い、新宿パークハイアットへと向かった。すげ〜ビルだ……初めて来た……緊張しつつも52階のバーに到着。ぼくの目の前には信じられない風景が広がった。ジャズの生演奏、そして摩天楼……なんともゴージャスな世界……。

すると……「秀吉〜」「秀吉〜」と声が聞こえる！　裕也さんだ！　裕也さんがぼくを秀吉と呼んでいる！　お客さんが一斉にぼくたちを見た。裕也さんはそのお客さんに向かって言い放った。

「こいつ、秀吉！」「こいつ秀吉！」

うわぁ〜！　やめて止めてやめて止めて！　その頃ちょうど、大河ドラマ『秀吉』が絶賛放送中だったのだ。

「裕也さん、恥ずかしいです」

「いいからこっち来い」

裕也さんに導かれ、席へと案内された。するとそこにはなんと、ジョー山中が!!

「あ、こんにちは、いや、こんばんは初めまして竹中です」

「どーも。ジョー山中です」

「竹中、座れ」

裕也さんが言う。ぼくはジョーさんの前に座った。

「こいつ秀吉」

「あ、そんな、裕也さん、恥ずかしいです」

裕也さんはかなり酔っている。注文をとりにきたウェイターにも「こいつ秀吉」と言った。

「秀吉、何か頼めよ、オレちょっとトイレ行ってくるから」

裕也さんが奥へと消える。するとジョーさんが言った。

「竹中さん、帰っていいですよ。かなり酔ってるから。戻ってきたら大変だと思うから。後はぼくに任せて」

「え？　そうですか？　いいんですか？」

広い広い摩天楼に響き渡るピアノ。

「ぼくが責任持ちますから。大丈夫」

「ジョーさん、すみません。じゃあ、帰ります」

「うん、気をつけて」

裕也さん、観てくれてるんだな……うれしいような照れ臭いようないろんな思いが込み上げた。チン！　エレベーターが開く。慌てずゆっくり飛び乗った。そして大きく大きく深呼吸をした。ぼくはただパークハイアットに行っただけだ。

そして時が流れた。東映Vシネマ『カルロス』（1991年）でぼくはブラジル帰りの殺し屋役をやった。その続編を監督のきうちかずひろさんと企画。共演は小泉今日子、そして内田裕也の名前が挙がった。願いが叶い、お2人から出演オッケーをいただいた。映画のタイトルは『共犯者』（1999年）。ぼくと裕也さんは敵対する殺し屋同士だった。裕也さんは無国籍な殺し屋役に思い入れを強く持ち、髪の色をブリーチして真っ白にしてくれた。敵対する者同士ゆえ、裕也さんは「竹中とは絶対楽屋を一緒にするな。メイク場所も別々にしろよ」と言った。

ある日、八王子にある中央病院の廃屋で撮影が行われた。お昼休憩になり、ぼくは病室の楽屋でCDを聴いていた。するとそこにノック。

「失礼します」

裕也さんの付き人が立っていた。

「内田が竹中さんのCDプレーヤーをお借りしたいと言っているのですが、よろしいでしょうか？」

「あ、はい、大丈夫です。どうぞ。ちょっと重たいですけど」と差し出した。

「ありがとうございます」

裕也さんはどんな音楽を聴くのだろう？　ぼくはふと気になった。そっと廊下に出て、裕也さんの控え室に近づいていった。音楽が流れ出した。……え?!　……こんな曲聴くなんて……。カーペンターズだ。カーペンターズを聴いている……。レッド・ツェッペリンとかじゃないんだ……。

録音部の曾我さんだけに聞こえる裕也さんの言葉がある。監督が「本番！」と言った時、裕也さんが小さくつぶやく言葉。その言葉をピンマイクが拾う。そのつぶやきとは……そう！「ロックンロール」。

そして映画『共犯者』は完成した。ところが！　0号試写を観た裕也さんは叫んだ。

「だめだこれじゃ！　オレのシーンを追加撮影しろ！」

監督とぼくは麻布キャンティに呼び出された。裕也さんはかなり酔って興奮していた。

「お前ら！　オレのシーンを撮り足せ！　今から東映の社長を呼ぶからな！　どう思ってるんだよ、お前ら?!」

きうち監督は裕也さんの怒号に怯えることなく冷静に答えた。

「追加撮影はできません。撮り足すとしても予算がかかります。その予算は誰が集めますか？」

「おい！　ふざけんなお前！」

「ふざけてはいません」

きうち監督は毅然として答えた。すると、裕也さんはすっと立ち上がり怒号を発しながら頭上のランプシェードを殴り始めたのだ。た、大変だ……ぼくが殴られたらどうしよう……ぼくは喧嘩好きで生きてきた人間ではない。武勇伝など微塵もない！　中学生だった頃、通りを歩いていると、じっとこっちを睨んでいるやつがいた。ん？　何を睨んでるんだ？と思って睨み返したらそいつが突然通りを渡ってやってきて、思いっきり頭突きを食らったことがある。その時はかなり痛かった。もしここで裕也さんに殴られたら同じくらい痛いと思った。しかし、ランプシェードを叩く裕也さんもかなり痛いのでは……。

「ふざけんなよ、お前ら！」

ライトを殴り続ける裕也さんの手が止まった。見ると手に血が滲んでいる。

するとキャンティのドアが開いた。いきなりの呼び出しにもかかわらず東映の社長がいらしてくださったのだ。

「おー社長！」

社長が直々に来てくれたことで裕也さんは突然上機嫌になった。そして社長に追加撮影を直訴して裕也さんはやっと落ち着いた。裕也さんが言った。

「もう一軒行こう！」

社長は同窓会を抜けてきたとのことで静かに帰っていった。外は雨が降り出していた。しばらく3人で雨降る麻布を歩いた。すると、裕也さんは突然雨の路面に両膝、両手をついて監督に向かってけたたましく叫んだ！

「追加撮影してくれー！」

ぼくは言った。

「きうちさん、あとはぼくが責任を持ちますのでお帰りください」

「分かりました」

監督は雨のなか、駅へと向かった。裕也さんが叫ぶ。

「竹中、渋谷行くぞ！」

タクシーを拾って麻布から渋谷へ。これからどうなってしまうのか……。こころに不安が込み上げる。まるで凶悪な犯罪者を匿《かくま》っている感覚だ……。雨はどんどん激しくなる。すると、渋谷駅ガード下で渋滞にはまってしまった。全く動かない。裕也さんが言った。

「おい、どうなってんだ？」

「渋滞みたいですね」と当たり前のことを言ってしまった。

「そんなのは分かってるよ。おい、ちょっとドア開けろ！」

運転手がドアを開けた。裕也さんが外に出る。え？　何？と思うのも束の間、裕也さんはガード下で立ちションを始めた！　裕也さんがぼくを呼ぶ。

「竹中ー！」

なんと！　裕也さんは手のひらで尿をすくい取り、呑むではないか！　飲尿だ！　身体にはいいと言われているが……。まさかそんな光景を見るとは。裕也さんが放尿を済ませ戻ってきた。

「竹中、ありがとうな……」

裕也さんは雨に濡れたびしょ濡れの両手でぼくの手を握った。うわぁ〜。

そして渋谷のバーに到着。

その頃のぼくはまだお酒が飲めなかった。43歳の直人……どうする直人?!　すると！　東映のプロデューサーがどこから聞きつけたのか、ぼくたちを心配して駆けつけてくださった。

「あとは私が……」

「そうですか、すみません。よろしくお願いします」

裕也さんはふらふらだ。ぼくはそっとお店を後にした。雨はあがっていた。なんだか気が抜けて、しばらく深夜の渋谷をトボトボ歩いた。とてつもない虚しさが襲ってきた。

映画『共犯者』は再撮影することなく、無事公開された。そして裕也さんは仕上がりをとても気に入ってくださった。


そしてまた時が流れた。2014年、ぼくがNHKの大河ドラマ『軍師官兵衛』（2014年）で再び秀吉を演じた時のこと。撮影を終え、三宿にポツンとあるロシア料理のお店に入った。するとそこに裕也さんがいるではないか！

「おー秀吉！」

「裕也さん、お久しぶりです！」

「こっちこいよ秀吉」

裕也さんは奥の席にぼくを呼んだ。その時のぼくは、もうお酒を飲めるようになっていた。

「秀吉、オレはテレビなんか普通観ないんだよ、たまたま観てたらさ、このお店をお前が紹介してさ、それで来てみたらうまいからさ、最近よく来てんだよ」

「あっ、そうなんですね。いやあ今日来てよかったです。まさか裕也さんに会えるなんて、すごくうれしいです」

裕也さんはもうすでに酔っていた。すると裕也さんはいきなり言った。

「竹中、お前はたいした才能なんてないんだよ」

「あ、はい。それはよく分かってます」

「お前なんてマイナーで終わる俳優なんだよ。間違ってますか?」

「いや。間違ってません」

「おー秀吉よー、お前はメジャーになっちゃダメなんだよ。おい！　聞いてるか？　秀吉！　分かってんのか?!　おい！　お前なんか才能ないんだよ、間違ってますか?」

「いや、全く間違っていません」

「竹中、お前はマイナーだからいいんだよ、お前がメジャーになったらつまんねーんだよ、間違ってますか?」

「いや、間違ってません」

「お前がさー、売れるなんておかしーんだよ。間違ってますか?」

「いや、間違ってません」

なんだか涙が溢れ出した。それは裕也さんの言葉に傷ついたからではなかった。裕也さんの言っていることが確かなことだったからだ。裕也さんは何度も言った。

「お前なんてマイナーなんだよ。つまらねーんだよ。竹中！　間違ってますか?」

「いえ、全く間違ってません」

「えー？　竹中、官兵衛観てるぞ。おい！　秀吉！　間違ってますか?」

裕也さんはいまだぼくのことを気にかけてくれてる……。とめどなく涙が流れた。

そして数日後、ふらっとお店に入ると……またもや裕也さんがいるではないか！

「おー秀吉！」

「あっ！　裕也さん！」

裕也さんはお店の人とすっかり仲良しになっていた。お店の人を「ママ」なんて呼んじゃったりして。そんな日が何度も続いた。

子供の頃『エレキの若大将』を映画館で観た。エレキ合戦のシーンで裕也さんは司会者役をやっていた。「レディースアンジェントルマン、マイネームイズショーンコネリーとかなんとか言っちゃったりして」とダジャレを言いながら。子供の頃に見た裕也さんは面白い人だった。でもぼくの目の前にいる裕也さんは、ものすごく怖くて、かっこよくて、めちゃくちゃ深いところで優しい人だった。「裕也さん、あの時のあれはアドリブだったんですか？」を聞くことができず、時は過ぎてしまった。

裕也さんは背も高い。どこを歩いていてもすぐに内田裕也だと分かる。昔、天本英世という日本映画に欠かせない俳優がいた。背も高く、とっても雰囲気のある俳優だった。その人も後期は髪の毛が真っ白だった。何度か街を歩いている姿を見かけたことがある。とっても怖い人だと子供の頃は思っていた。『イースト・ミーツ・ウエスト』という映画で初めて共演した時、びっくりするほどぼくのことを優しく見つめてくれた。その眼差しがあまりにも温かくて、ぼくの存在を認めてくれているんだ……とても勇気づけられた。自分が想像していた人と全然違った。裕也さんは本当は優しいのになんであんなに怖いのだろう。絶対に自分の優しさを見せたくなかったのかな。

「おい、秀吉、そんなのはロックンロールじゃねぇよ。間違ってますか?」

裕也さん、オレ、夏に公開の映画でまた秀吉やってます。また秀吉です。

「こいつ秀吉」

裕也さんの声が聞こえる。

優作さん

調布日活撮影所……。数ある撮影所の中で調布日活撮影所は一番居心地がよかった。日活映画で育ったわけではないけれど、ぼくの肌に合ったのだ。『無能の人』を監督した時、「竹中組」のスタッフルームが日活撮影所にできたのは本当にうれしかった。でも今はもうずいぶん小さくなってしまって、なんだか寂しい。泥くさいとでも言うのかな……映画のフィルムの匂いがするとでも言うのだろうか……。ザッツ芸能界の匂いがしなかった。俳優もスタッフもみんな一緒。同じ立場にいる。そんな感じだ。

そしてぼくは日活撮影所の食堂がたまらなく好きだった。とっても大きな食堂だったんだ。お昼休みになるとゾロゾロゾロゾロ監督、スタッフ、俳優がその食堂に集まってくる。そして食券を買うためにみんなが並ぶんだ。その風景がたまらない。あっ！　森田芳光だ！　あっ！　相米慎二だ！　あっ！　伊丹十三だ！　根岸吉太郎だ！　神代辰巳だ！　金子修介だ！　松田優作だ！　原田芳雄だ！　小林薫だ！　根津甚八だ！　本当にキリがない！　みんなみんなめちゃくちゃカッコいい！

ある日のこと……柄本明さんと食堂でお会いした。柄本さんはぼくを見つけるなりテーブルの前にせわしなく座った。

「竹中、今日優作来てるらしいね」

「あ、はい、いらしてますね」

「あの野郎な……あっ、竹中」

柄本さんはグッと身を乗り出し、勢いよくしゃべりだした。

「竹中、金子信雄さんが主宰してた「劇団マールイ」って知ってるか?」

「あ、はい。知ってます」

「あの野郎な、そのマールイでオレの後輩だったんだよ」

「あっ、そうだったんですか」

「そうなんだよ。それでな、あいつその頃、オレのことを慕ってたんだよ。「柄本さん、柄本さん」って。「柄本さんはすごいなぁ、柄本さんはすごいなあ」って。そうだったのによ、あの野郎、『太陽にほえろ!』に抜擢されたら「おい! 柄本」っていきなり呼び捨てだぞ! あの脳みそ垂れ流し野郎。今きっと飯食いに来るだろ? いいか竹中、来たら絶対挨拶なんかするんじゃないぞ! あんな脳みそ垂れ流し野郎に挨拶なんてする必要はないよ」

――ええ~! ちょっと待った!

な、なんだよ?

――柄本さんずいぶんと乱暴な言い方するじゃないか?! それ本当なのか?

本当さ。でも柄本さんの人の悪口は生で聞くとすごい面白いんだ。悪口の奥にちゃんとしっかり「愛」を感じるんだよ。でも柄本さんに「嫌いな俳優」の悪口を言わせるとそれはかなり怖いぞ……。話を戻そう！　すると！　日活食堂入り口に大きな影が現れた。ぼくは言った。

「あっ、柄本さん！　優作さんが来ましたよ‼」

すると柄本さんはすっと立ち上がり「あっ、こんにちはー‼」と、満面の笑みと伸びやかな声で優作さんに挨拶したのだ!!!　優作さんがぼくたちに近づいてくる！　柄本さんはすっと立ち上がり「どーも」と言いながら、満面の笑みのままそそくさと食堂から出ていってしまったのだ。優作さんはぼくの目の前に座った。

「なんだ、あいつは？」

……かっこいい……。カッコよすぎる……。ぼくの意識は遠のいていった……。

初めて優作さんをテレビで見たのは『太陽にほえろ！』のジーパン刑事だった。マカロニ刑事ことショーケンが殉職したあと次にやってくる若手の刑事……いったいどんな俳優が演じるのかとても楽しみにしていた。放送を見るなり、ぼくは優作さんの大ファンになった……。理由？　もちろんあの顔だ！　そしてあの髪型！　あの声だ！　しびれまくった。背も高いし足も長いし、そしてどこか屈折してて……。たまらなく好きになってしまった。そしてサングラスの似合うことこの上ない！　憧れだった原田芳雄をも彷彿とさせる、とんでもない俳優が現れた！　音楽の世界で言えば忌野清志郎と仲井戸麗市のような感じさ。分かるかなぁ……分かんねぇーだろうなぁ。

初めて松田優作をブラウン管で見たあまりの衝撃！　その衝撃からぼくの中に松田優作の魂が宿ったのだ！　ジーパン刑事の殉職シーン。自分の血を見て「なんじゃこりゃぁ！」と叫ぶ。ぼくは多摩美時代、そのモノマネで注目されたのだった。とにかくあの頃のぼくは松田優作になりきっていたんだ。あっそれとね、マニアの間では評価が高い、片手を高く上げて「あっ！」と叫ぶ『野獣死すべし』（1980年）の時の松田優作もかなり評判がよかったんだぜ。「リップ・ヴァン・ウィンクルの話って知ってます？」、ダメだ終わらない！　話を戻さねば……。

調布日活撮影所の食堂。ぼくは優作さんと向き合っていた。優作さんが言った。

「竹中、今日は何時に終わる？」

「あ、多分、ぼくは9時くらいまでかかりそうです」

優作さんは森田芳光監督の『それから』（1985年）、ぼくは菊池桃子主演の『テラ戦士Ψ BOY』（1985年）という映画を撮っていた。

「今日、飲みゆくか」

「え?!　本当ですか?!　うれしいです！　でも優作さん何時に終わるんですか？」

「4時には終わるんじゃないかな」

「え？　でもぼくは9時までですよ」

「いいよ、待ってるから」

優作さんの声が優しい……。ぼくは原田芳雄さんに優作さんを紹介していただいたんだ。優作さんは怖い人だと勝手に思い込んでいた。しかしそれは全く違っていた。

ある日、芳雄さんの家に遊びに行った時のこと。2階にギターがあって、優作さんとかおりさんに「竹中、歌えよ」と言われたんだ。芳雄さんの『ラスト・ワン』というアルバムの中の1曲、優作さんが詞を描いた「川向こうのラスト・デイ」を歌った。そうしたら優作さんが、

「いいな竹中、もっと歌えよ」って。

「優作さん、ごめんなさい、歌詞1番しか覚えてないです」

「いいよ、1番だけで」

「あ、はい」

ぼくはうれしくて、何度も何度も「川向こうのラスト・デイ」を歌ったんだ。優作さんとかおりさんが並んで座ってぼくの歌を聴いてくれて、それを芳雄さんが見ている……。桃井かおり、原田芳雄、松田優作……すごい世界だよね。まさに映画の世界に入りこんだ夢のような出来事だった。

実は……優作さんがぼくのことを「直ちゃん」って呼んで、ぼくは優作さんのことを「作ちゃん！」って、そんなふうに呼びあっていたこともあったんだ。なんでそんなことになったのか……？　ぼくはうれしくてうれしくて何度も「作ちゃん！」「作ちゃん！」って優作さんのマネで呼んで、すると「直ちゃん！」って優作さんが同じ声で応えてくれて……。最高にスペシャルな本当のお話さ。あっ、話を戻さねば……。優作さんは言った。

「待ってるから……」

「いやいやそんな！　それは大変です」

「とにかく今日は竹中ととことん話したいんだ。気にしないで撮影頑張って」

「あっ……はい」

優作さんはぼくの撮影が終わるまで本当に待っていてくれた。そして下北沢レディジェーンへと向かったのだ。「とことん」っていったい何を話すのだろう。　ぼくはちょっと緊張していた。　でも「作ちゃん！」「直ちゃん！」なんて呼び合える関係になれたんだ。それに2人で飲むなんてそんなうれしいことはない。しかし……その頃のぼくは、お酒が飲めない……。

車はレディジェーンに到着。時計は10時を回っていた。初めて入るレディジェーン。優作さんがドアを開ける。

「いらっしゃい」

マスターの大木さんが迎えてくれた。薄暗い照明。室内にはジャズが響き、客は僕たち以外誰もいない。

「座れよ」

優作さんがぼくを席へとうながした。

「あ、はい」

優作さんがぼくの前に座る。優作さんはミスタースリムに火をつけた。何だか夢のようだ。大好きな優作さんと2人で飲むなんて……。本当にぼくの目の前にいるのは松田優作なのだろうか……。

「竹中、何飲むか決めてな……」

「あ、はい」

優作さんはバーボンのソーダ割りを頼んだ。

「あ、じゃあぼくも同じので」

——間
テーブルにバーボンのソーダ割りが置かれる。優作さんが言った。

「お疲れ」

「あ、お疲れ様でした」

バーボンのソーダ割りを飲む2人。ぼくは炭酸を飲むとしゃっくりが出てしまうのを必死にこらえ、タバコに火をつけた。なんとも言えない緊張感が漂った。「作ちゃん！」なんて絶対呼べる感じではない……。

「今日は本当に、待っていてていただいてありがとうございました」

「いや、今日は、竹中ととことん話したくてさ」

「あ……」

バーボンの香りが酔いを誘う。ど、どうしよう……すると優作さんが言った。

「竹中、お前は何なんだよ？」

「え？」

「だからお前は何なんだよ？」

「あ、いや、あの、何なんだよ？と言うのは？」

「だから、お前は何なんだよ？」

「あっ、いや分からないって言うか……あの……何なんだよ？というのは？」

「だから……お前は何なんだよ？」

——間
「あの……あ、いや、今日は楽しいお話をすると思って……何なんだよってのは一体……？」

「お前にとって楽しい話って何なんだよ……？」

「あっ…今日は優作さんがぼくを長く待ってくださって、ぼくは優作さんと楽しいお話が、あの……あ、いや……」

なんだか泣きたくなってきた。バーボンのソーダ割りを必死に飲んだ。

「もう一杯飲むか？」

「あっ、はい」

——間
新しいバーボンのソーダ割りが置かれた。ぼくはひと口、ふた口と飲む。小さなしゃっくりが出る。

「竹中、お前は、何なんだよ？」

「あ……いや……」

——間

「あの……すみません、ちょっとトイレに」

ぼくはトイレに立ち上がった。吐いた。思いっきり吐いた。これは禅問答だな……と思った。優作さんは真剣にぼくのことを知ろうとしてくれているんだ……。優作さんなりのコミュニケーションなんだ。お笑いでデビューして、いつもふざけてるようなぼくに対して真剣に対峙してくれている……。でもぼくは自分が何者なのかなんて……考えたこともなかった。ただ今という時に必死にしがみついて生きているだけだったんだ。それに自分のこれから先なんて……考えてもいなかった。いつまでこの世界で生きていけるのかとただただ不安しかなかった……。

鏡も見ず、何ごともなかったように席に戻った。そしてぼくは言った。

「いやぁ、なんか、何なんだよっていうのは……あの……ぼくは、くだらないことが大好きで、シリアスとか何かそういうのが嫌いなんです。くだらねぇーってのが好きで……」

「じゃあ、お前にとってくだらないことってのは何なんだよ？」

「あっ……えっ？　意味の分からないことをしゃべってる酔っ払いのおじさんとか……」

「それが何なんだよ？」

「あっ、だからシリアスっていい芝居に思われがちじゃないですか？　そんなことよりもなんだこれ？って感じの……っていうか意味がないものが好きっていうか……」

「お前にとって、意味のないものってのは何なんだよ？」

「あ……意味がないってのはオチとかテーマとかそんなものも持たないとでも言うのか……」

優作さんは真剣にぼくを追求してくれていた。うれしい……めちゃくちゃうれしいのに、ぼくはもう立ち直れない状態に陥ってしまった。すると……。

「竹中、彼女に電話しろよ」

「え？　でももう夜中の2時になっちゃいますけど……」

「いいから電話しろ。今から来いって呼べよ」

「いや、もう寝てると思います……」

「いいから呼べ」

たまらないんだ、この強引さが……。

「あっ、はい」(優作さんはね、ぼくが付き合い始めたばかりの彼女をよく知っていたんだ)

ぼくは泣きそうになりながらお財布から小銭を出して彼女に電話した。

「はい。もしもし」

彼女はすぐに出た。

「あ、ごめんね、こんな遅くに。今優作さんと飲んでて、今から来れないかな……」

「え？　元気ないね。大丈夫？」

「うん。大丈夫」

「分かった、行くね」

ぼくは静かに受話器を置いた。

「なんだって？」

「今から来るそうです」

2人で静かにタバコを吸った。

ふと見ると、大木さんはカウンターの内側で眉間にシワを寄せて何か下のほうを見ている。舞台の劇評でも読んでいるのだろうか……。レディジェーンのドアが開いた。少し息あらく彼女が入って来た。

「え？　何？　何？　大丈夫？」

優作さんが彼女に笑いかける。

「おう。来たね。何飲む？」

「どーも。じゃあ、私も同じので」

3人で乾杯した。優作さんは彼女が来た途端、急にぼくを無視して彼女と2人で世間話をし始めた。「最近は映画か？　監督は？」なんて具合に……。ぼくは完全に取り残された気分になった。すると優作さんが言った。

「なぁ、なんでこんな男と付き合ってんだよ⁇」

「え？　え？　え？　そんなぁ～」

ぼくはもう泣く寸前だ。彼女は言った。

「え？　何⁇　この男。めんどくさ！」

彼女はスッと立ち上がりぼくを見て言った。

「ねぇ、帰ろ」

優作さんが言う。

「おれがタクシー拾ってやるよ」

優作さんは真っ先に外に出て、「タクシー、タクシー」と言いながらタクシーを止めてくれた。タクシーが走り出した。振り向くと、優作さんがぼくたちを見えなくなるまで見送ってくれていた……。


「何なんだよお前は？」

28歳のぼくはちゃんと優作さんの問いに答えられなかった。今、優作さんにそう聞かれたらなんて答える？

「映画を作ること、ずっとそれがぼくの夢です」

「お前の映画の夢ってなんなんだよ？」

「映画の夢ですか？　あっ、優作さん、おれ、がっつりお酒飲めるようになりましたよ！　優作さん、とことん優作さんと飲みたいです！」

「……」

「優作さんはなんでぼくみたいな先の知れない人間に興味を示してくれたんですか……？」

「……」

「どうしてですか？　優作さん？」

「……竹中、いい加減にしろよ。オレはもういないよ」

雨にもマケテ

クエスチョンマークが好きだ。宮沢章夫の家に司馬遼太郎の『竜馬がゆく』の全巻があった。その背表紙全てにクエスチョンマークをつけてやった。全てが『竜馬がゆく？』と語尾が上がる。ゆくのかゆかないのかどっちなの〜？　宮沢はそれに気づいて「くっだらねぇ〜！」と腹を抱えて笑ってくれた。

その宮沢がぼくに紹介してくれた放送作家、加藤芳一。知る人ぞ知る「ナンの男」を一緒に作った男だ。芳一さんとカレーを食べに行ってナンを注文した。そして出てきたナンが！　想像を超えるものすげ〜でけぇ〜ナンだったのだ!!　「加藤さん、こんなでかいナンを抱えて街を歩いていたらかなり笑えますね」とぼくは言った。加藤さんは楽しそうに「くだらねー」

と笑ってくれた。
おれたちは「くだらねー」でいいのだ。ベテランって……なんだってんだ。おれはただ生きてきただけさ……。きびしく生きづらいこの「げいのうかい」という世界で。

シュルシュルシュルと糸を出し
蚕のようにシュルシュルシュルと
いじけた我を包みこむ
シュルシュルシュルシュル
ああ繭よ　我を包んでおくれ
誰とも比べず　ヒカクセズ
ひとりよがりと言われようと……
誹謗にもマケテ　中傷にもマケテ
ちょっとした人の一言にもマケテしまう人間に
ワタシはなりたくない

チャボ

今から18年前、ぼくの50歳の誕生日に清志郎さんが発起人になってくれて、渋谷のｄｕｏで「竹中直人50」と題してライブをやったんだ。「竹中ぁー50‼　オーイエーイ!　竹中ぁ〜‼」って清志郎が叫んでくれた。た・け・な・かって誰だ?　本当にオレなのか?と思ったよ。そんなことあっていいのかってさ。「いい事ばかりはありゃしない」「雨あがりの夜空に」を一緒に歌ったんだ。

「竹中直人50イェーイ!」

真っ赤なスーツを着た清志郎がぼくのために叫ぶんだ。今やぼくは清志郎の歳を超えてしまった。まさか清志郎より年上になってしまうなんて……。竹中50。その裏でチャボさんは……。

「竹中、今、清志郎が竹中を祝っているだろう。渋谷の某路上でこれを録音してるよー。竹中ぁ〜、学校は卒業したけれど〜♪　多摩美、ハッピーバースデーは重ねてるけど何を卒業したんだぁ〜♪　竹中ぁ〜50、イェー♪」

チャボさんは渋谷某路上に止めた車の中でギターを弾いて、チャボさんの名曲「ティーンエイジャー」の歌とメッセージの入ったカセットを渋谷ｄｕｏに届けてくれた。それは今もぼくの部屋に飾ってある。

ぼくは落ち込むとよくチャボさんに携帯から電話した。

——まじか？　お前？　人の迷惑をかえりみないのか？

電話しちゃうんだよ……。でもチャボさんは電話に出ないよ。何度かプルルル〜って呼び出し音が鳴ると、必ず留守電になるんだ。その留守電にチャボさんの歌を入れるんだよ。

「もしもしチャボさん、今ぼくは時代劇の撮影で京都に来ています。撮影が終わって、なんだか落ち込んで京都の押小路《おしこうじ》東洞院《ひがしのとういん》西入《にしい》ルという道を歩いています。この通りは町屋の家が立ち並んでて高層ビルもなく、暗くて夜はひっそりとして落ちつきます。夜の散歩にはよい感じです」

なんてしゃべってから、♪こんな小さなポスターカラーで、何を描こうか〜♪　君の事を想い出して〜描いてみます♪　って歌うんだ。それで途中で留守電が切れちゃうと、また電話をかけて留守電に歌の続きを入れるんだよ。

——お前……そんなご迷惑なこと……。

すると次の日チャボさんからファックスが届くんだ。「竹中ー♪　留守電聞いたよー、京都にいるんだな。酔っ払っての夜道はきをつけろよー」って。チャボさんの描いたギターのイラスト付きでね。

——なんて……なんていい人なんだ……。

そして、ぼくが60になる「還暦一歩手前、前夜祭」を下北沢GARDENでやったんだよ。ぼくはチャボさんに電話をした。「もしもしチャボさん、還暦一歩手前の発起人になってくれませんか?」と。

「オレ、イヤなんだよそういうの……」とチャボさんは言った。

「でもなぁ……竹中にオレの還暦ライブの司会をやってもらっちゃったからなぁ……しょうがねーな……」

なんと! チャボさんは発起人を引き受けてくれたのだ。カウントダウンをやった。ステージ袖に用意された電光掲示板のカウントを見ながらチャボさんが言う。

「5、4、3、2、1……!」

チャボさんのギターが「ハッピーバースデー」を奏でる♪それにのってチャボさんが叫ぶ。「竹中ばかやろー!」「竹中のばかやろー!」、チャボさんは「ハッピーバースデー」を奏でながら何度も繰り返した。「ばかやろー、竹中のばかやろー‼」。

南青山MANDARA25周年記念ライブでチャボさんがぼくを呼んでくれた。2人で2日間も一緒にライブをやったんだ。

——お前……調子に乗りやがって……。

チャボさんとはな、「仲井戸〝CHABO〟麗市and竹中直人2人会」なんてのをたまにやったりしてるんだ。最初は鎌倉でやったのさ。詩の朗読をしたり歌ったり……2人でDJをした……。チャボさんと一緒にステージに立って、ふとチャボさんを見ると、あまりにもキレイで目を背けたくなってしまう……。きっとこれは夢なんだと思う。夢のまた夢……。

暑い暑いある夏の日、秋田へ撮影に行った。その次の日、チャボさんのライブが南青山MANDALAである。撮影が順調にいき、ぼくはライブに間に合った。チャボさんが清志郎の歌をいっぱいいっぱい歌ってる。たくさんの想いがかけめぐる。

ところが！　ぼくの座っている席はクーラーが直撃だった。暑い暑い夏だった。だから最初のうちはなんとか平気だった……。しかしずっと直撃だ。それも頭にだ……。必死に我慢した……でも身体が冷え冷えになって頭も痛くなってしまった。すると！

「南青山MANDALAイエー♪　清志郎〜♪　えっと、今日は……客席に……」

え？　オレ？　もしかして呼ばれる⁇　チャボさんがオレを……ぼくは身体全身が冷えきっていた。老体にクーラー直撃はかなり痛い……。ぼくは焦った。チャボさんが言う。

「マイオールドフレンド、竹中直人が来ています。竹中ぁ〜！」

うわぁ〜チャボさんがぼくを呼んでいる!!!　客席からは拍手が……！　ぼくはにこにこしながらステージへと向かった。

写真　三浦麻旅子

あるアニメ作品に声優で参加した。

「お前は死が怖いか？　死が怖いと思うのは思い出があるからだ」

このセリフが好きだった。

仕事は決して選ぶべきではない。

いくつになっても。

ず
①

なんだかやんなっちまう
多分きっと　この気持ちは子供の頃からあったんだと思う
成績とか　順位とか　努力とか　告げ口とか
家族のかたちとか　生き方とか　こうあるべきとか
無能であれ　なんて誰も言わない　豊かな人生を

ぼくは　分からない
カルチャーショックとか　みんなが言ってた時があった
サブカルとか　文化人とか
「ナンセーンス!」って言葉は好きだ
死語は面白いね　「よしんば」とか「なかんずく」とか……

バラエティ番組でみんながゲラゲラ笑ってるのが苦手だ
そんなにおかしいか?って思ってしまう　そんなに笑えるの??と思ってしまう
笑顔であればいいことがある　そんなことはないよ
「笑いながら怒る」はなかなかだな……って　たまに自分を褒める
そうでもしないと　ぼくはすぐにゆらぐ　ゆらいでばかりだ
ぼくには分からない　逃げてきたわけじゃない　ただ分からない

お笑いでデビューした時　サブカルチャーなんて言われた
そんなことは恐れ多い……文化を作ろうなんて思ったことがない
人を感動させようなんて思ったこともない
人を感動させたいと思うこと自体が　あまりにも傲慢だとぼくは思ってしまう
人を感動させるより　まず自分が感動したい

忌野清志郎が初めて「君が代」を野音で歌った時……
君が代〜♪　オレがよ〜♪　って歌った
笑ってしまった
最高だったな　オレがよ〜♪

生きるって大変だ
誰かが言っていた　人生なんてただの暇つぶしでしょ
誰かが言っていた
ぼくたちは辻褄を合わせるために生きてるんじゃないかな……
せっせせっせと辻褄を合わせてさ……
ただただそのために生きてるだけなんじゃないかな……って
臆病なぼくは
ず　いつも逃げる準備をする　最初から最悪なことを考えて
少しでも最悪じゃない結果に導かれた時に　ホッとする

欺瞞的って言葉がインテリみたいで好き
結局ぼくには人格がない　勝手に他人がぼくを作った　作り上げた
好き勝手な言葉を投げつけて　作り上げたんだ
宮沢賢治の『インドラの網』に出会った時……
宗教的でありながら　音符を感じた　まるで讃美歌のようで　びっくりした
いつまでもびっくりしたい気持ちはある

「まっすぐな道でさみしい」
死ぬ前に山頭火を演じたいな……　山頭火は57歳で死んじゃったね
死ぬ前に　内田百閒もやりたいな
ずっと「のらやぁ～　のらやぁ～」って言ってる映画を撮りたい
死後の恋も　空に光る　ひかりを撮りたい
つげ義春も　いつかまた……
まだまだ　これだけ思っていたら　生きられるかな

あいつ監督としての才能ねぇよな　くそだよ
SNSの言葉がひりひり痛い

清志郎さんがね
ぼくが言葉の頭に「ず」をつけてしゃべっていたら
「竹中、ず、それ面白いな」って言ってくれて　うれしかった
「ず、清志郎さん、ず、気に入ってくれました？　ず、うれしいです」
「ず、面白いよ、ず、竹中……」
こんな感じが好きだな
ず

ず
②

『フランケンシュタイン』が好きだった。1931年の映画だぜ。『フランケンシュタインの花嫁』もたまらなく好き。モンスター造形の素晴らしさに子供ながらにしびれまくった。

それと『狼男』『大アマゾンの半魚人』、ベラ・ルゴシの『ドラキュラ』これらはすべてユニバーサルのモンスター映画だ。本気で大好きだったんだ。

それからチャールズ・ロートンの『ノートルダムのせむし男』、スペンサー・トレイシーの『ジキル博士とハイド氏』も好きだった。ぼくは子供の頃からモンスターがたまらなく好きだったんだ。

そして『バットマン』！ ティム・バートンの『バットマン』を観た時、バットマンのコスチュームデザインにしびれた！ 今はロバート・パティンソンの『ザ・バットマン』が、ず、たまらなく好きだ。

オレ、頂点がないんだ。
ず、最低はあるけれど。

ず③

ドラマや映画の衣装合わせの時はいまだに緊張する。衣装合わせだけじゃなく、初めての監督との撮影初日の前の夜は絶対に眠れないんだ。簡単に言えば、合うか合わないか、ず、本能的なもの。

あっ、衣装合わせはぼくにとってはかなり大事だ。衣装ってその人の顔まで変えるものね。衣装部がどんな衣装を揃えてぼくを迎えるのだろうと思うとどきどきする。ぼくもぼくなりにこの役はこの色って直感的なイメージで衣装合わせに行くからね。

スタジオに入って、並んだ衣装をさりげなくサッサッと見るんだ。「あっ、この人、神経質に衣装チェックしてる」って思われたくないからね。全く見てないよってふりをするんだ。ちょっとうつむき加減で素早く見る。見てないように見えて確実に見てるというのは、俳優にとって大事な作業だと思うのだ。

この役はシャツでいくか、シャツだったら色はブルー？　白？　ポロシャツでゆく？　タートルネックを着る？　ジャケットは？　ズボンは細め？　太め？

「あっ、これいいですね」とぼくが言う。

「あっ、やっぱり！　竹中さんこれじゃないかな?って思ったんです！」

「あ、じゃあ、これとこれを組み合わせてみようか?」

「いいですね！　竹中さん、こんなベストもあります！」

「うわぁ、どっから見つけてくるの？　こんなベスト?!」

こうなると「衣装合わせ」という限られた時間の中でのちょっとしたセッションになる。その感じが楽しい。

ただ……ぼくの場合、もう髪がないから「髪型どうしましょう?」って話ができないのが、ず、虚しいのだ。時代劇ならカツラをかぶるから別だけどね。髪型って、衣装以上に顔を変えるからね。昔は役によっていろいろ髪型も変えられたのに……。髪の毛がなくなってしまったのは本当に、ず、残念さ。

全員ドン引き……

ぼくは人に見てもらわないと話にならないお仕事をしてるんだよね。「みんな私を見て！」ってお仕事。

多摩美時代、じゃんけんで負けたやつが恥をかくってやつでやったことがあるよ。じゃんけんで負けたやつが隣の車両のドアをバンッと開けて「みんな私を見てー！」って大声で叫ぶんだ。で、負けたやつがやるんだけれど、全然ダメなんだよね。それでぼくが見本を見せるんだ。「みんな私を見てー！」って。するとみんながゲラゲラ笑ってくれた。今そんなことやったら事件になっちゃうけどね。ぼくは何かのキャラクターを借りれば恥ずかしいこともなんだってできるからね。

昔、よく日本のアカデミー賞にノミネートされたんだよ。本当だよ……。でもなんかさ、それが恥ずかしくて恥ずかしくて……そこに行くのは何かのキャラクターでは行けないからね。素で行かなきゃならない……。「賞を受けるに値する人」という人格を作ればよいのだけれど、それができない。そこにいるすべての人が素晴らしい人で、自分だけ場違いな存在に感じてしまう癖がぼくにはあるのだ。石川啄木の「友がみなわれよりえらく見ゆる日よ……」の感じさ。だからレッドカーペットを歩くなんて、「お前じゃねーよ！　引っ込め！　ばかやろー！」って自分に思ってしまうから、わざと蹴つまずくふりをよくやったんだよ。でもそれを見て笑う人なんていないよ。みんなが本当に蹴つまずいた！と思ってしまうんだ。だからただただ情けない方向に向かってしまう。一度、永瀬正敏がそれに付き合ってくれて一緒につまずいたんだけれど、客席はシーンとしていた……。それをやってしまった時、もうこんなことは絶対やらない！と心に誓うんだ。けれど……またアカデミーに呼ばれたりするとやっちゃうんだよな……。そんなことしたって何の意味もないし、何やってんのこの人??って思われるだけだものね。でもここ数年呼ばれてないからもう大丈夫。

とにかくぼくは映画祭とか本当に苦手なんだ。映画は大好きだけれど多くの人たちとそれを分かち合うのはぼくにはきっとできないだろう。それができるのは映画祭なんかじゃなく、映画雑誌などでもない。大好きな映画は大切な友達と静かにお酒を飲みながら小さくそっと話し話していたい。つまらない映画だったのに「いやあ面白かったです！」って当事者を傷つけまいとみんな言うよね。嘘つきだよね？　俳優は嘘つきじゃないとできないよな。いかに嘘がうまいか。たいして可笑しくもないのに笑ったりね。大嫌いな人なのにそんな素振りを決してみせず談笑したりさ……あっ……みんなも普段やってることだ。みんなも役者じゃないか。誰もがみな俳優だと思う。

日本のアカデミー賞にプレゼンテーターで呼ばれた時……。

「それでは発表します！　今年の最優秀助演男優賞は……???」

自分じゃないのに「竹中直人ー!!」と読みあげて、アカデミー賞会場にいる全員をドン引きさせたことがあるんだ。本当だよ。

――なあ、恥ずかしいって思うのはただの自意識過剰ってことだと思うぜ……。

え?!　そうなのか？

――誰もお前のことなんて見てやしないよ！

そうか……そうだよな。

なんだか今日もダメみたい……。

雑誌『**生きるyou気**』（厳冬舎）**インタビューより**

2024年3月6日

——竹中組はテストは繰り返さず、すぐ本番と聞いていますがそうなんですか？　俳優のお芝居を新鮮なうちに撮るという感じでしょうか？　それから現場では台本を持たないと聞きました。システム的にならず、どこか即興的なものを大切にしたいとか。素材撮りもなさらないと聞いています。「このアングルであなたを撮ると決めたら保険のカットは一切撮らない」なんて、スカしたことを抜かしてますね。

竹中　え??

——あっ、それから55歳になった時、ゴーゴーでしょうか？　気分を変えようと大型バイクの免許を取りに行ったそうですね。でも結局、中型でやめてしまったとか。教習所で授業3時間目の時にアクセルとクラッチを間違えて暴走し、前に停車している車に突っ込んだと聞きました。それでバイクの燃料タンクに股間を激しくぶつけて吹っ飛んだとか？　笑っちゃいけねーけど笑っちゃいますね？　結局バイクは買わなかったとか？　バイクで事故ったらやっぱり怖い、そう思ったそうですね?? この根性無しが!!ってところでしょうか?!

竹中 おい! お前?! お前……! 思い出した! 茂茂夫だ! 思い出したぞ!

ぼくはもうダメかもしれない
そうじゃないかもしれない

ぼくはダメになる ぼくはダメかもしれない
ぼくはダメじゃないかもしれない
でもやっぱりダメかもしれない ぼくはダメだからダメになる
ぼくはダメかもしれない ぼくはダメかもしれない
ぼくは考えすぎるからダメになる
考えすぎるぼくはダメだからダメになる
でもきっとダメだと思う ぼくは考えないからダメになる
ぼくはカンガルーだからダメになる
ぼくはダメになる ぼくはダメかもしれない
ぼくはダメじゃないかもしれない
でもやっぱりダメかもしれない ぼくはダメだからダメになる
ぼくはダメかもしれない ぼくはダメかもしれない
ぼくは考えすぎるからダメになる
考えすぎるぼくはダメだからダメになる
でもきっとダメだと思う ぼくは考えないからダメになる
ぼくはカンガルーだからダメになる
そう　ぼくはカンガルーだからダメになる

2024年5月
竹中直人

「ぼくの好きな国分寺」は『少々おむづかりのご様子』（1993年・角川書店）から、「向上心のない男」は『月夜の蟹』（2000年・角川書店）から加筆修正、改題して収録したものです。

JASRAC　出2403621-401

取材協力　シーモアグラス、kong tong

なんだか今日《きょう》もダメみたい

2024年6月25日　初版第一刷発行

著　者　竹中直人（たけなか・なおと）

発行者　喜入冬子

発行所　株式会社筑摩書房
東京都台東区蔵前2-5-3　〒111-8755
電話番号　03-5687-2601（代表）

印刷・製本　中央精版印刷株式会社

ISBN978-4-480-81580-4
C0095